The Ethics
of
Children Advertising

儿童广告伦理

郑蓓　著 ————————————————

社会科学文献出版社
SOCIAL SCIENCES ACADEMIC PRESS (CHINA)

内容摘要

电视在儿童的成长过程中扮演着重要的角色，对儿童的发展会产生多个层面的影响。同时，在儿童接触的电视节目中，广告的比例很高，广告已经成为儿童最喜欢的电视节目之一，从这个意义上讲，广告已经是一种教育资源，它对儿童的影响是多方面的。

但是电视广告本身的质量并不能令人满意，大量的研究表明，电视广告对儿童的影响是负面的，其主要原因是广告中存在伦理失范的现象。广告影响了儿童的身心健康和价值观，也误导了家长的消费观，家长也不知如何对儿童进行指导。

本书以电视中的儿童广告为研究对象，进行两个层面的论述：一方面，从理论层面上研究儿童广告伦理，形成具有儿童特色的广告伦理框架；另一方面，从儿童广告的实际出发，考察儿童广告的现状，提出儿童广告改进和广告素养教育的建议。全文的论述基于以上考虑，分为两大部分展开。

第一部分主要探讨了儿童广告伦理的理论基础和分析框架。从儿童观、教育观、美德伦理、正义论和关怀伦理的角度，确立了儿童广告伦理的分析框架，从儿童广告的真实水平、平等水平、关怀水平和成长水平四个方面进行考量。同时分析了这四个方面的内涵，并确立了以儿童广告意图真实等43个观察变量作为解释这四个变量的指标。

第二部分用儿童广告伦理的分析框架，对收集到的电视儿童广告样本进行了评分和数据统计，并对数据进了定性和定量分析，了解并分析了当前儿童广告中的伦理现状。

研究结果表明，当前的儿童广告中真实性和平等性不足，广告中存在较多意图虚假的现象，广告中的城乡不平等和性别歧视的情况较多；儿童的生活方式在广告中被异化，成人化的行为、语言和服饰更加剧了儿童广告的不真实；儿童广告基本上呈现了关心、照顾的关系，成人和儿童都表现出了关怀的行为，关怀的对象集中在儿童和熟悉的人身上，对陌生人和环境等关怀不足；对成长的关注较少，儿童在广告中的主动性和自主性不足，个体差异不明显；在儿童全面发展的目标上，主要关心儿童的身体健康和人际交往的发展，对其他方面的发展较少涉及。

为了简化儿童广告伦理的分析框架，并增强该分析框架的解释力，笔者对收集到的数据进行了验证性因素分析，经过模型修正，形成了儿童广告伦理分析的最终框架，该框架有 4 个潜变量和 19 个观察变量。4 个潜变量分别是真实、平等、关怀和成长，分别对应意图真实等 6 个真实的观察变量，种族平等等 3 个平等的观察变量，关怀关系等 5 个关怀的观察变量以及儿童本位等 5 个成长的观察变量。验证性因素分析的结果表明，与模型拟合的观察变量主要都是与儿童相关的变量，体现了儿童广告区别于一般广告的关键——儿童。

本书得出以下结论：儿童广告的内容和传播上都欠缺儿童意识，儿童广告中的关怀围绕"亲子二人模式"，儿童广告中的教育理念和行为不正确。由此可见，儿童广告的伦理问题不仅是一个广告伦理的问题，更是一个儿童问题，是一个具有儿童特色的伦理问题。

笔者根据研究结论对家长、教师和广告人提出了建议：家长可以利用分析框架帮助幼儿辨析和理解广告；教师可以利用儿童广告对儿童进行道德教育；广告人应该承担起自己的社会责任，以分析框架为基本指导，不断地提升儿童广告的伦理水平。

目 录

contents

导　语

我们常常会问，儿童的发展受到哪些因素的影响呢？我们是不是关注了这些因素呢？在信息泛滥、知识膨胀的今天，儿童所面对的已不仅仅是象牙塔里的纯净世界了，如果把儿童在某项活动上所花费的时间看作是其重要性的体现的话，那么我们不得不承认大众媒体在儿童的生活中扮演着十分重要的角色，而在所有类型的大众媒体中，电视无疑是最主要的角色（Clavert，2004；Comstock & Scharrer，2006；Houston，2004）。

电视对儿童的影响可以借用尼尔·波兹曼在《童年的消逝》一书中的描述，"放眼望去，人们不难发现，成人和儿童在行为举止、语言习惯、处世态度和需求欲望上，甚至身体外表上，越来越难以分辨了"[①]，电视正是导致童年消逝的原因，它使儿童与成人信息来源趋同化。

在美国一项超过2000份样本的全国性调查中，研究者证实8~18岁的儿童大量使用各类媒体，平均而言，儿童花费在电子媒体上的时间每周超过44小时（见图0-1）。比起与父母在一起的时间，许多儿童将更多的时间花费在电视机面前，电视的说服力是令人吃惊的。

电视为什么会对儿童的发展产生作用呢？哪一类电视节目对儿童发展影响最大呢？北京师范大学儿童心理研究所教授陈会昌在对北京市200多名4~5岁儿童的抽样调查中发现，90%以上的孩子最喜欢看的电视节目"第一是电视广告，第二是动画片，第三是少儿节目"[②]。北京师范大学心理学教授许燕表示，1岁左右的幼儿爱看广告是一个正常现象，也很普遍，因为这个时期的幼儿开始主动了解周围的世界，而看广告正是他们采用的一种方式。

---

① 〔美〕尼尔·波兹曼：《童年的消逝》，吴燕莛译，广西师范大学出版社，2004。
② 钟玉冰：《试论电视广告对少年儿童的影响》，《青年探索》2004年第5期。

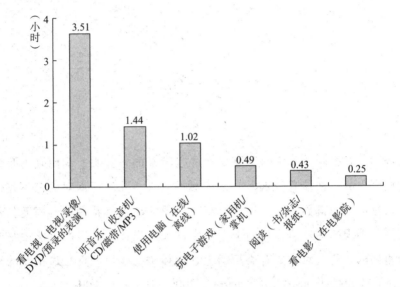

图 0 - 1　8 ~ 18 岁美国少年儿童媒体使用各种媒体的小时数①

对于广告人来说，儿童有自己年龄需要的产品，"广告对儿童的影响会一直持续到成年期"②。有研究表明，儿童时期形成的对某些产品、劳务、商标、品牌、企业等的态度会潜移默化地影响到他们成年后的消费心理，因此儿童一直以来都是广告商垂青的对象。最近的两个趋势更增加了广告商对儿童消费者的兴趣。一方面，近年来，儿童的可支配收入有了明显的增加，他们的购买力提升了，购买范围也扩展到各个领域，儿童成为独立的消费者，儿童比以往任何时候都更多地参与到媒体、购物、品牌和其他消费中。因此，孩子成为广告人眼里越来越有吸引力的目标人群。另一方面，"现有的电视频道数量极大地增加了，打开了儿童获得信息的新途径，从而为儿童和儿童产品创造越来越多的媒体空间"③。

美国学者自 20 世纪 50 年代起开始关注媒介中的伦理问题。克利福德·

① 〔美〕约翰·W. 桑特洛克：《儿童发展（第 11 版）》，桑标、王荣、邓欣媚等译，上海人民出版社，2009，第 497 页。

② Preston, Chris, "Children's Advertising: the Ethics of Economic Socialisation", *International Journal of Consumer Studies*, Sep. 2004, Vol. 28 Issue 4, pp. 364 - 370.

③ Calvert, Sandra L, "Children as Consumers: Advertising and Marketing, Future of Children", v18 n1, pp. 205 - 234, Spr 2008, p. 30.

克里斯蒂安的《媒介伦理》是研究媒体的经典之作，至今已再版 9 次。他在书中详细阐释了波特的图式道德推理模式，将道德分析的四个方面纳入其中，即定义、价值、原则、忠诚；路易斯·阿尔文·戴在其《媒介传播伦理：案例与争论》一书中，认为大众传播领域所面临的伦理问题比其他任何行业都更为突出，大众传播的可信度正在不断受到质疑。

21 世纪以来，广告伦理新构建研究成为日本广告界一个热点问题。冈田米藏等人认为广告伦理由个人伦理和组织伦理两大部分构成，研究组织伦理必须要考虑伦理环境，即企业伦理和行业伦理两部分。龟井昭宏将广告伦理分为"积极伦理"和"消极伦理"，他认为"积极伦理"属于主动性伦理，"消极伦理"属于预防伦理。

当前广告伦理研究的核心内容是：个人伦理和组织伦理、积极伦理和消极伦理、经营伦理背景下的广告伦理研究、广告伦理内在构造研究和广告伦理推进等，研究趋势呈现多元化发展倾向。

当前广告伦理研究认为，广告最大的伦理问题在于——失真。总体的广告中应当呈现产品的真实情况，并且广告中应有一个更真实的需求，然而今天的广告太多是虚假和误导的，广告有太大的夸张，"太多的广告试图创建一个微不足道的或假想的差异，实际上是相同或非常相似的产品的产品"①。

暴力行为在儿童广告中并不少见，例如打骂儿童、欺负同伴、战斗比拼等。同时，儿童广告的内容夸大失真，极易诱发儿童不良的消费心理和物质主义。此外，儿童广告中还有各种类型的歧视，例如性别歧视、地域歧视、种族歧视等。一些广告怂恿儿童购买产品或怂恿儿童要求他们的父母去询问或购买；利用儿童熟悉的或为儿童喜爱的儿童节目所特有的人物、角色推销商品；暗示拥有或使用某产品能使人显得优越，不拥有、不使用该产品将遭人嘲笑和轻视，扭曲儿童的社会价值观。

学前儿童的思维方式和行为方式很容易受到周围成人世界的影响和左右。有关儿童广告的研究表明，广告会影响儿童的语言发展，"电视广告语言使用不规范，或是滥用模糊语言，或是假大空话连篇，极易使儿童养成不

---

① Ernest F. Larkin, *A Factor Analysis of College Student Attitudes Toward Advertising Journal of Advertising*.

良的语言习惯"①；儿童广告篡改成语，误导了"儿童对语言文化的理解"②。

神经科学的应用和心理学研究表明，广告技术通过内隐态度的改变，使用评价调理模式来操纵消费者的行为，对于这种模式，需要具备抵御暗示的能力。而儿童不具备抵御暗示所需的足够的认知控制能力，他们就像是"潜意识广告的目标"③，易受误导。儿童广告中存在违背儿童权利的、非伦理的行为可以分为三类：一是离间孩子和他们的父母，二是要求孩子监视朋友，三是利用孩子的诚实和单纯。研究认为，广告的营销方式利用并"创造出"儿童的一套与生俱来的"需要"，试图创建广告。他们的信息是，该产品将满足需要，"需要包括爱、掌握、功利和魅力"④。必须承认"当代营销形式都隐含劝说的方式"⑤。

让儿童拥有幸福的童年是一种信念，应该融入大众信念之中，融入大众价值体系之中。儿童发展需要儿童权利的保护和保障，儿童发展本身就是儿童的一项"自然"权利。儿童发展对人们提出了两个方面要求：一是人们不能干扰、阻挠或者侵害儿童的发展，二是要求人们"提供和创造必要条件以帮助儿童实现发展"⑥，促使公众觉醒，进而唤起其儿童意识，"借助公众意志的民主力量影响决策，是基本思路"⑦。

正如苏士梅所说，人性化是广告传播的新活力因子，传统伦理道德重视人伦关系，提倡人伦价值是广告定位的核心。

---

① 陈海帆、杨伟玲：《电视广告与儿童》，《新闻传播》1998 年第 6 期。

② 赵冰清：《广告设计在儿童消费群体中的效应分析》，《商丘师范学院学报》2013 年第 7 期。

③ Agnes Nairn, "Not Seeing the Wood for the Imaginary Trees. Or, Who's Messing with Our Article?", *International Journal of Advertising*, 2008, Vol. 27 Issue 5, pp. 896 – 908.

④ Schor Juliet B, "From Tastes Great to Cool: Children's Food Marketing and the Rise of the Symbolic", *Journal of Law, Medicine & Ethics*, Spring 2007, Vol. 35 Issue 1, pp. 10 – 21.

⑤ Agnes Nairn, "Not Seeing the Wood for the Imaginary Trees. Or, Who's Messing with Our Article? A Reply to Ambler (2008)", *International Journal of Advertising: The Quarterly Review of Marketing Communications*, Vol. 27 (5), 2008, pp. 896 – 908.

⑥ 王本余：《儿童权利的基本价值：一种教育哲学的视角》，《南京社会科学》2008 年第 12 期。

⑦ 张斌、虞永平：《让儿童意识融入公众意识》，《幼儿教育》2011 年第 9 期。

绪 论

广告在更广泛的领域里是一个有争议的话题，低级的广告，毒害了人们特别是孩子们的心灵。所以，著名经济学家 Prof. Galbraith 说："广告引诱人们把钱挥霍在不必要的东西上。"

一 概念界定

（一）广告

1. 根据《中华人民共和国广告法》第 2 条的规定，商品经营者或者服务提供者通过一定媒介和形式直接或者间接地介绍自己所推销的商品或者服务的商业广告活动即为广告。

2. 美国广告协会对广告的定义是：广告是付费的大众传播，其最终目的为传递情报，改变人们对广告商品之态度，诱发其行动而使广告主得到利益。

3. 美国营销协会的定义委员会为广告做了定义：广告是由可确认的广告主，以任何方式付款，对其观念、商品或服务所做的非人员性的陈述和推广。

4. 《韦伯斯特辞》（1988 版）对广告的定义是：运用媒体而非口头形式传递的具有目的性信息的一种形式，它旨在唤起人们对商品的需求并对生产或销售这些商品的企业产生了解和好感，告之提供某种非营利目的的服务以及阐述某种意义和见解等。

5. 《简明大不列颠百科全书》（第 15 版）对广告的定义是：广告是传播信息的一种方式，其目的在于推销商品、劳务服务、取得政治支持、推进一种事业或引起刊登广告者所希望的其他反映。广告信息通过各种宣传工具，传递给它所想要吸引的观众或听众。广告不同于其他传递信息的形式，它必须由登广告者付给传播的媒介一定的报酬。

6. 日本广告业协会对广告的定义是：广告是被明确表示的信息发送方

针，是对呼吁（诉求）对象进行的有偿信息交流活动。这个定义显示了日本广告界把广告视为是信息交流活动，这样实际上是扩大了广告活动的业务范围。

7.《辞海》对广告的定义是：广告是向公众介绍商品、报道服务内容和文娱节目等的一种宣传方式。这个定义淡化了广告的商业性，但指出了广告负有的社会文化功能。这个定义仍然把广告视为一种宣传方式。

由此可见，广告的价值在于通过各种方式的商品和服务准确表达广告信息，树立品牌形象，从而引导消费者接受和认识产品，并满足消费者的需求。

因此，本书中广告的定义是：广告是一种商业活动，是广告主通过一定媒介和形式，将其观念、商品或服务的信息传递给消费者的过程。

（二）儿童广告

1. 根据《国际商会广告行为准则》第 14 条的规定：儿童广告是指，以儿童或所在国法定未成年人为诉求对象的广告，包括促销商品或者服务的所有广告形式，而不论其所使用的媒介。

2.《加拿大广告标准准则》及《加拿大广播电视儿童广告准则》第 1 条的规定："儿童广告"意指在儿童节目前后或其中插播的任何有偿商业信息，包括由广播电视机构决定的在其他任何节目前后播放或插播的面向儿童的任何商业信息。

3. 美国《儿童广告自律规则》规定：儿童广告是指面向 12 岁以下儿童的广告，无论其使用何种媒介，包括出版物、无线或有线电视、广播、录像、街头广告、网络广告以及包装。此外，还包括在非营利性电视与广播中播出的筹款活动和赞助活动。

4. 我国目前尚无正式的儿童广告定义，学界一直沿用的是《国家工商行政管理局广告审查标准》（1994）第 37 条中的定义：儿童广告是指儿童使用的产品或有儿童参加演示内容的广告。

从上述各类文件的规定中，可以明确的是儿童广告的要素包括：广告的诉求对象为儿童，儿童电视广告是规范的重点，儿童广告不限定为商业广告。

因此，本书对儿童广告的定义是：直接以 12 岁以下儿童为诉求对象，或以 12 岁以下儿童为广告形象的商业广告。

（三）广告伦理

伦理就是人们在处理人与人的这种相互关系中所应遵循的道理和准则，是主观与客观的统一。正如美国当代伦理学家安·兰德说："道德就是一套指导人们做出选择和采取行动的价值规范……伦理学就是发现和定义这种规范的科学。"

当前关于广告伦理的观点主要有：

1. 广告伦理学属于应用伦理学的范畴，广告传播伦理主要涉及经济伦理学和媒体伦理学。

2. 广告伦理是广告活动所遵循的伦理原则和规范，属于规范伦理学。广告生存和运作也必须遵循一定的道德或原则，而"广告活动所遵循的伦理原则和规范即是广告伦理"[1]，它"调整的是广告主体与广告受众之间的关系"[2]，"维护广告活动本身以及与之相关的整个广告生态环境健康和谐发展"[3]。

3. 广告伦理是一种责任伦理。广告的社会伦理责任是和谐社会思想道德建设的需要，"赞助、购买、创作和销售广告的人、政府监管部门及广告受众都要承担一定的道德责任"[4]。

4. 广告伦理包括媒介伦理。广告发布和传播的方式也遵循社会伦理规范，"不能损害社会公共利益"[5]。

本书对广告伦理的定义是：以广告为研究对象，研究广告应遵循的伦理原则和规范，以及广告相关主体责任的伦理。

（四）儿童伦理

本书所说的儿童伦理不是指儿童的伦理，而是指如何伦理地看待儿童，面对儿童，考察的是成人的伦理水平。

---

[1]　苏士梅、崔书颖：《论传统伦理道德对现代广告传播的影响》，《新闻界》2005 年第 5 期。

[2]　粟龙梅：《广告伦理的内涵与原则探赜》，《大众文艺》2009 年第 18 期。

[3]　李淑芳：《广告伦理研究》，中国传媒大学出版社，2009。

[4]　周中之、吴欢喜：《广告的社会伦理责任》，《吉首大学学报》（社会科学版）2006 年第 1 期。

[5]　李蓉、张晓明：《电视植入式广告的媒介伦理与合法性问题》，《电视研究》2010 年第 1 期。

儿童伦理学就是以儿童的美好生活为目的的研究，讨论与儿童有关的社会关系中，我们所应当承担的社会责任，而这些责任是以当代儿童观为基础的，必须符合社会的发展方向。

关于儿童伦理的表述在国内外关于儿童的法律法规中均有涉及，主要包括：

1. 儿童应享有平等社会公民的权利，必须尊重儿童，不歧视任何儿童。不能因儿童或其家族的种族、性别、财产、出身等，对其差别对待或歧视。

2. 儿童利益优先。涉及儿童的一切行为必须以儿童的最大利益为首要考虑。

3. 儿童应受到特别的保护，儿童有权享受特别照料、帮助和保护。

4. 儿童应该在一个支持性的、培育性的文化和社会环境中长大。我们应该建立一个适合儿童生长的世界，使儿童能够在安全、稳定、快乐、关爱和理解的环境中成长发展。

5. 必须尊重儿童身心发展的规律，必须坚持科学育儿，遵循幼儿身心发展规律，学前教育要"面向全体幼儿，关注个体差异。少儿节目要做到知识性、娱乐性、趣味性、教育性相统一"。

本书对儿童伦理的定义为：面对儿童时，父母家长和社会所应秉有的伦理观念和所应承担的伦理责任，它包括让儿童享有平等的权利，尊重儿童发展的规律，儿童的利益优先，为儿童提供适宜成长的环境等。

（五）儿童广告伦理

综合对儿童广告、广告伦理和儿童伦理的概念分析，本书将儿童广告伦理的概念定义如下：直接以 12 岁以下儿童为诉求对象，或以 12 岁以下儿童为广告形象的商业广告应遵循的伦理原则和规范，以及儿童广告中相关成人所应秉有的伦理观念和所应承担的伦理责任。

二 儿童广告的研究趋势

（一）研究数量递增，研究的系统性逐渐提升，但总体水平有待提高

儿童广告研究的趋势表明，最近 10 年的相关研究明显增多了，1994 年至 2003 年的 10 年间仅有相关研究论文 9 篇；2004 年至 2009 年的 6 年间共

有相关论文 40 篇，占论文总数的 42.1%；2010 年至 2014 年的 5 年间，共有相关论文 46 篇，占论文总数的 48.4%。这种总体上不断发展的趋势，尤其体现在硕士论文数量上（见图 0 - 2）。现有的 33 篇硕士论文中，有 22 篇发表于 2010 年以后，说明儿童广告的研究已经从碎片式研究逐渐向系统的、科学的研究发展，儿童广告的研究越来越受到重视。

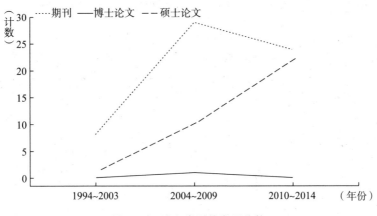

图 0 - 2　论文类型的发展趋势

与此同时，我们也必须看到，近 5 年来，有关儿童广告研究的期刊论文数量在下降，博士论文没有再出现，似乎说明儿童广告的研究遇到了瓶颈，必须要开拓新的研究方向和研究方法。

（二）儿童广告研究的期刊类别（研究专业）的发展趋势（见图 0 - 3）

1. 新闻传播类、文学艺术类和思想政治类的研究发展迅猛，呈明显的上升趋势。除了 1 篇论文发表于 2004 年以前，这 3 类研究的所有论文都是近 10 年的研究成果。文学艺术类和思想政治类的研究近 5 年来呈现直线上升趋势；新闻传播类和文学艺术类的研究在数量上，占据了近 5 年儿童广告相关研究的前 2 位，这 2 类论文分别占近 5 年总论文数的 39.1% 和 21.7%。由此可以看出，儿童广告逐渐成为新闻传播领域和文学艺术领域新的研究增长点，儿童广告的新闻传播和文学艺术的相关问题开始展现蓬勃的生命力。

2. 经济学类的相关研究呈现减少的趋势。2004 年以前关于儿童广告的研究绝大多数是经济学类的文章，发表于经济学和管理学类的学术期刊上；

2004 年至 2009 年，儿童广告的相关研究中经济学类的论文数量仅次于新闻传播类，占论文总数的 17.5%；近 5 年，经济学类的相关研究出现了明显的下降趋势，其论文数量仅有近 5 年研究总量的 8.6%。说明儿童广告研究的重心不再是讨论儿童广告在经济学领域的特点，儿童广告的非经济类特点逐渐受到研究者的关注。

3. 教育学类、心理学类和其他社会科学领域对儿童广告的研究，增速较小。最近 10 年的论文，占这三类的研究论文总数的绝大多数（95.2%）；近 5 年来，这三类研究数量没有增长，几乎与 2009 年前持平。这似乎可以说明，儿童广告的研究开始受到多学科的关注，但发展缓慢，缺乏突破性的融合。

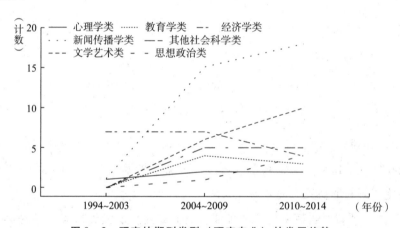

图 0 - 3　研究的期刊类型（研究专业）的发展趋势

（三）儿童广告研究的主题越来越丰富（见图 0 - 4）

1. 从儿童广告的研究主题的多样性来看，2003 年以前的研究主题只有 3 类共 9 篇，其中 7 篇属于国外经验的介绍，国内关于儿童广告的本土化研究几乎为零；2004 年以来，儿童广告的研究主题扩展到了 9 个方面，研究的视角越来越多元化。

2. 从具体的研究主题来看，2010 年以来关于广告中儿童形象的研究增幅最大，从 2010 年前的 2 篇增加到了 7 篇；其他社会学科对儿童广告的研究，在过去 5 年间翻了一番；儿童广告素养、法规监管和广告创意的研究，2010 年以后变化不大；儿童广告的伦理问题和儿童广告的认知研究出现了下降的趋势。由此可见，在儿童广告研究主题不断拓展的同时，大部分的研究主题突破性不大，发展出现了停滞甚至倒退，因此，进一步研究儿童广告，就必须发现研究主题的问题所在，找到研究的突破口。

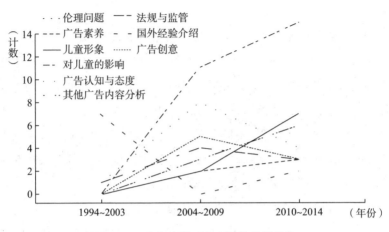

图 0-4　儿童广告研究主题的发展趋势

（四）儿童广告的媒体不断丰富，电视绝对优势更加突出（见图 0-5）

现有的论文中，2004 年以前的研究对象全部是关于电视儿童广告的，没有出现其他类型的媒体广告。这一现象在 2004 年以后发生了极大的改变，2004 年开始，电影、电视、报纸杂志、网络等各类媒体中的儿童广告都成为研究的对象，这一趋势在 2010 年以后依然保持。

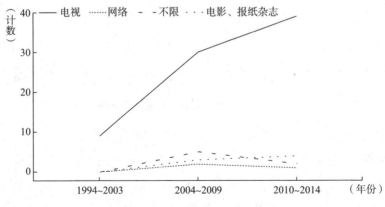

图 0-5　儿童广告媒体的发展趋势

同时，我们还发现，最近 5 年来，电视儿童广告研究的比例又有所回升，其他类型媒体的儿童广告研究没有进展，甚至网络儿童广告的研究还有所减少，这可能一方面说明电视依然是儿童接触最多的广告媒体，必然成为研究的主体，另一方面网络儿童广告的数量还不多，且与电视儿童广告的差异性不明显。

（五）儿童广告研究方法日趋丰富和科学（见图0-6）

1. 2004年之前关于儿童广告的研究基本上只有一种方法，就是对儿童广告内容进行定性分析，量化研究仅出现在1篇论文中，采用了调查法。这种粗浅且单一的研究方法的情况自2004年开始发生了较大的变化。从现有的论文中使用的方法来看，2004年以来关于儿童广告的研究方法拓展到了4种，量化研究方法愈来愈受到研究者的关注。以调查法为例，最近5年用调查法研究儿童广告的论文占了论文总量的1/5。

2. 内容分析法始终是儿童广告研究的主要方法，但随着儿童广告的研究法逐渐丰富，2004年以来，内容分析法的研究在儿童广告研究中的比例下降到了50%左右。

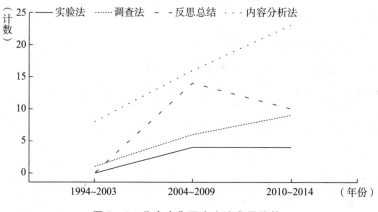

图0-6　儿童广告研究方法发展趋势

3. 经验反思总结的方法在2004～2009年运用的最多（35%），与2004年之前相比，说明有更多的人开始考虑儿童广告的问题，尽管研究的水平不高，但关注儿童广告的议题的趋势十分明显，2010年以后，这类方法在论文中的比例出现了显著的下降（21%）。这一趋势与实验法、调查法、理论基础日益扎实的内容分析法的不断增多形成了对比，可以说关于儿童广告的研究，其方法的发展呈现科学性不断提高的趋势。

综上所述，当前我国儿童广告的研究现状和发展趋势有如下特点。

1. 关于儿童广告的研究逐渐受到研究者的关注，但是研究总量很少，近 20 年的研究论文不足百篇，与此同时，儿童广告研究的总体水平不高，论文主要以期刊居多，硕士论文近年来有增多的趋势，但是博士论文的数量极少，仅有 1 篇，发表时间为 10 年前。因此儿童广告的研究需要得到重视，研究的空间很大。

2. 在儿童广告的多种媒体类型中，电视儿童广告一直是研究的主要对象，并且这种绝对主流的情况在近 5 年更明显，这一方面可能由于电视依然是儿童接触最多的广告媒体，对儿童的影响最大，另一方面也可能因为电视儿童广告中存在的问题较多，可研究的方面相对突出。

3. 儿童广告作为一个具有独特个性的研究对象，与一般的普遍意义上的广告研究有所不同。近 10 年以来，儿童广告的研究主要集中于新闻传播领域，缺少多领域的人员共同参与研究。教育领域关于儿童广告的研究很少。

4. 儿童广告研究的方法以定性研究为主，内容分析法在过去 20 年间一直是儿童广告研究的核心，研究儿童广告很有必要先了解其内容特质。定量研究在近 10 年受到研究者关注，尤其是硕博士论文含有定量研究已经成为一种趋势。

5. 近 10 年以来，儿童广告研究的主题越来越丰富，但是关于儿童广告伦理的研究还是很少。已有的儿童广告伦理的研究主要是对儿童广告中存在的各种现象进行批判，探讨儿童广告中的这些伦理失范的情况对儿童的危害及对策，而这些讨论基本是建立在经验和定性的研究上的。由于缺乏系统的伦理理论的分析和实证研究的支撑，儿童广告伦理的研究往往带有空谈和喊口号的意味。

三　广告对儿童的影响

关于儿童广告对儿童的影响，学者们莫衷一是。但大部分学者认为儿童广告对儿童产生的影响以消极为主，广告可能会对儿童的生理、心理、语言、行为和社会性的发展造成不良影响，也会影响儿童道德水平的发展。

　　现有数据显示，英国和美国的儿童能够影响家庭的消费，他们爱购物，并且绝大多数有自己的卧室和电视，他们可以收到畅通的营销信息，孩子们接触到"大量的、面向儿童有说服技巧的、不健康食品的电视广告"①。食品广告是造成儿童肥胖的罪魁祸首。"儿童的食品广告中的幻想，其操纵的意图是很高的"②，食品和饮料广告，使用一系列的视觉、声音和感情的技术来"吸引儿童和他们的父母"③。广告鼓励儿童吃更多的水果并提供果实的营养信息，"有效地改变了儿童对水果的消费态度和他们的行为"④，"导致儿童的 BMI 指数升高和体形变化，从而显著影响儿童的自尊"⑤。

（一）影响儿童社会化

　　1. 影响儿童习得语言规范。一方面，儿童广告可以促进儿童的语言学习，扩大儿童语汇；另一方面，电视广告语言的不规范，会对幼儿产生不正当的诱导。

　　2. 影响儿童性别认同。儿童喜欢的玩具中，男性人物的比例高于女性，儿童认为车辆和人物动作相关的价值观是：竞争、个人主义、发展、创新、能力和力量，"和娃娃配件相关的价值是美和母性"⑥。儿童电视广告中儿童出现的场景和个性有明显的性别差异，"女童出现的场景基本上是以家里为多，体现女童温柔、文静、可爱的性格为主，而男童较多出现的场景是在户外运动，男童被塑造成是具有探索精神和挑战精神的"⑦。

　　3. 增加儿童的攻击性。"许多暴力行为与幽默的同时存在的伪装，尤其

---

① Kelly Bridget, "Art of Persuasion: An Analysis of Techniques Used to Market Foods to Children", *Journal of Paediatrics & Child Healt*, Nov. 2011, Vol. 47 Issue 11, pp. 776 – 782.

② Rose, Gregory M, Merchant Altaf, Bakir Aysen, "Fantasy in Food Advertising Targeted at Children", *Journal of Advertising*, Fall 2012, Vol. 41 Issue 3, pp. 75 – 90.

③ Hebden, Lana, "Art of Persuasion: An Analysis of Techniques Used to Market Foods to Children", *Journal of Paediatrics & Child Health*, Nov. 2011, Vol. 47 Issue 11, pp. 776 – 782.

④ Hota, Monali, "Can Public-Service Advertising Change Children's Nutrition Habits?", *Journal of Advertising Research*, Dec. 2010, Vol. 50 Issue 4, pp. 460 – 477.

⑤ Spielvogel, Julia, "Development of TV Advertising Literacy in Children", *International Journal of Advertising*, 2013, Vol. 32 Issue 3, pp. 343 – 368.

⑥ Martínez, Esther, "Gender Representation in Advertising of Toys in the Christmas Period (2009 – 12)", *Comunicar*, 2013, Vol. 21 Issue 41, pp. 187 – 190.

⑦ 任文杰：《从女性视角关照儿童电视广告对儿童性别社会化的营销》，《浙江工业大学学报》2008 年第 9 期。

是最受欢迎的广告"①，儿童暴露于有暴力内容的广告，与暴露于没有暴力的内容广告相比，更容易"产生攻击性认知"②。

4. 物化儿童的人际关系。利用同伴关系显示商品拥有者、购买者的骄傲感，引发儿童爱慕虚荣，互相攀比，而儿童产生的购买欲望一旦得不到满足，就会引起儿童愤怒、失望等不良情绪，甚至破坏儿童与父母之间的关系，影响亲子关系的发展，影响儿童道德水平的发展，让儿童形成利润至上的道德虚无主义。

（二）影响儿童道德水平发展

1. 造成儿童种族偏见和歧视贫困的心理和行为。"民族表现也被广告的产品类别、民族的相互作用、民族人物刻画等区别对待。"③ 贫穷的父母抑制自己的需求和欲望，以确保他们的孩子"不显现出耻辱的贫困"④。

2. 滋生享乐纵欲的心理和行为。电视广告培育和宣扬的价值观念过多注重于物质实利，不断地向儿童灌输"追求享乐、逃避艰苦的价值观"⑤，引起儿童模仿广告中的行为，要求家长购买广告中宣传的产品。我们知道，儿童缺乏经验，他们对自我、时间以及金钱的认识尚不成熟，"缺乏认知技能来评估广告的可信度"⑥，因此，儿童抗拒广告中的各种诱惑的能力是很脆弱的，他们对自己的愿望、需求和偏好知之甚少，或者说，他们并不知道"如何理性的利用经济资源来满足自己"⑦。

---

① Blackford Benjamin. J, "The Prevalence and Influence of the Combination of Humor and Violence in Super Bowl Commercials", *Journal of Advertising*, Winter 2011, Vol. 40 Issue 4, pp. 123 – 134.

② Brocato E. Deanne, "Television Commercial Violence", *Journal of Advertising*, Winter 2010, Vol. 39 Issue 4, pp. 95 – 107.

③ Maher, Jill K, "Children's Recall of Television AD Elements", *Journal of Advertising*, Spring 2006, Vol. 35 Issue 1, pp. 23 – 33.

④ Hamilton Kathy, Catterall, Miriam, "Consuming Love in Poor Families: Children's Influence on Consumption Decisions", *Journal of Marketing Management*, Nov. 2006, Vol. 22 Issue 9/10, pp. 1031 – 1052.

⑤ 陈海帆、杨伟玲：《电视广告与儿童》，《新闻传播》1998 年第 6 期。

⑥ Snyder, Wally, "Making the Case for Enhanced Advertising Ethics: How a New Way of Thinking about Advertising Ethics May Build Consumer Trust", *Journal of Advertising Research*, Vol. 51 (3), Sep, 2011, pp. 477 – 483.

⑦ 陈培爱：《台湾广告业的国际化历程对中国大陆本土广告公司的启示》，《广告大观》2007 年第 3 期。

3. 电视广告中宣扬独占意识，儿童表现出的"霸道和成人化倾向会对儿童道德判断能力产生消极影响"[1]，让儿童曲解传统文化观念，造成儿童"忽视应有的家庭义务及社会责任等"[2]。

（三）电视广告对儿童发展的积极作用

电视广告打开了幼儿认识世界的窗口，满足了幼儿的好奇心，丰富了儿童的情绪情感，对于丰富儿童的形象思维和培养想象力有一定的帮助作用。

四　广告中儿童的形象

在电视广告中恰当地使用儿童形象及声音，借助儿童纯洁真实、可爱健康的形象，"提高产品的可信度和对目标消费者的吸引力"[3]；儿童形象能"削弱人们对电视广告的排斥心理"[4]，容易"引发成年人一种普遍的爱心和亲情"[5]，契合中国人传统家庭观念，拓宽受众领域；同时儿童"友情出演"或"客串"，可以大大地降低广告的制作成本，因此儿童形象被广泛运用到大量的广告中。

但是人口总数中的儿童在媒体能见度很低，孩子们被认为是"被动的，脆弱的或潜在的受害者，孩子的权利很少被提及"[6]。

儿童的形象在被运用于广告的过程中存在"歪曲化、危险化、成人化等误区"[7]，广告中的儿童形象往往存在早熟现象，容易使儿童形成错误的观念意识，对儿童产生潜移默化的不良影响，不利于儿童自身人格的发展。有研究表明，儿童在广告中主要扮演着代言人的角色，他们在广告中扮演闯入成人世界的"小大人""物欲熏天的小恶魔、颠覆传统的不孝子、逃避现实的胆小鬼，广告中的儿童将攀比和霸道、嫉妒和撒娇的

---

① 郭宇、王芳：《电视广告对儿童成长的不良影响》，《北方经济》2012 年第 2 期。
② 熊英、张志：《儿童广告的不良社会文化影响》，《青年记者》2009 年第 5 期。
③ 曹雁：《电视广告中儿童形象及语言的运用研究》，《新闻世界》2010 年第 1 期。
④ 阚广滨：《浅析儿童形象在电视广告中的运用》，《大众文艺》2013 年 18 期。
⑤ 郭文志、王佳成：《电视广告中儿童形象泛用现象探析》，《黑龙江教育学院学报》2007 年第 12 期。
⑥ Ebbeck Marjory, "Image of the Singapore Child", *Early Childhood Education Journal*, December 2008, Vol. 36 Issue 3, pp. 247 – 251.
⑦ 陈国钰：《电视广告视野下的儿童》，硕士学位论文，南京师范大学，2009。

正常化"①。83%的食品和饮料的儿童节目中的广告时间，都是"健康饮食指导演员和流行的儿童人物代言"②，滥用儿童形象会"强化所有儿童的脆弱性"③。

五　儿童广告的伦理问题

儿童广告的伦理研究主要是对儿童广告中存在的各种现象进行批判，探讨儿童广告中的这些伦理失范的情况对儿童的危害及对策，而这些讨论是建立在经验和定性的研究上的，缺乏系统的伦理学的分析。

当前的儿童广告存在大量有违儿童伦理的表现，其本质是逐利本性与社会道德伦理冲突，二者的碰撞与失衡是造成广告伦理失范的深层原因。

（一）儿童广告伦理失范的表现

1. 广告诚信系统的消解。主要表现为广告的虚假与夸大、广告"抬高了商品价格"④，利用产品本身信息与儿童信息之间的不对称，诱使儿童购买产品，侵害了消费者的合法权益。

2. 广告的社会价值观偏离。"广告过多地强调物质享受"⑤，造成消费观异化。以明星广告为例，宣扬的是一种地位和身份，"倡导一种盲目的高消费"⑥。

3. 广告的趣味低级。儿童广告镜头中不文明现象，不良习惯，以及暴力危险的场景，容易"引起儿童的模仿，这对儿童的成长发育造成不利影响"⑦。

4. 广告存在大量的歧视。主要包括种族歧视、宗教歧视、性别歧视、文化歧视和社会地位歧视等。刘伯红和卜卫所做的调查研究表明：约1/3的

① 刘娅静：《舍不得孩子，套不住消费者——案例分析电视广告中儿童形象的消费意义》，《大众文艺》2010年第6期。

② Roberts Michele, "A Thematic Content Analysis of Children's Food Advertising", International *Journal of Advertising*. 2007, Vol. 26 Issue 3, pp. 357 - 367.

③ O'Dell Lindsay, "Representations of the 'Damaged' Child: 'Child Saving' in a British Children's Charity ad Campaign, Children & Society", Sep. 2008, Vol. 22 Issue 5, pp. 383 - 392.

④ 饶德江编著《广告策划与创意》，武汉大学出版社，2003。

⑤ 谢加封：《广告的德性——当前广告伦理失范的思考》，《内蒙古大学学报》（社会科学版）2007年第3期。

⑥ 沈一兵：《广告伦理与消费异化》，《电视研究》2006年第5期。

⑦ 董西飞：《儿童广告伦理失范现象探析》，《东南传播》2014年第9期。

电视广告有性别歧视的倾向。主要表现为：角色定型和以女性作招徕。

5. 植入式广告缺乏监管。这方面几乎全靠传播方的自律和自觉，存在监管的空白。

（二）儿童广告伦理失范的原因与对策

儿童广告伦理失范归根结底是物质利益的诱惑蒙蔽了伦理良心，"媒体行业的内部运行和管理机制不健全，行业规范和广告法律制度不完善，广告的内外部监督体系也不健全"[1]。现实环境让广告相关利益者有机可乘，他们无视消费者的主体意识，过多地考虑经济效益而无视作为文化载体的社会责任，造成儿童广告伦理严重失范。对此，笔者总结了以下对策。

首先，广告人必须对人类的普遍价值（如诚实、公正和正义等）存有敬畏，儿童广告设计者要有责任感，在广告的创意与策划、在广告的语言表述或画面展示中，广告人"必须遵循责任的原则和遵守真实性原则"[2]，不仅要对消费者负责，还要承担起培养儿童责任心的责任。

其次，在广告业开展全行业的诚信文化建设，加强诚信教育，广告从业人员都应"接受广告职业道德的培训"[3]。

最后，必须加强广告行业自律建设，"要在行业和组织内部形成一套严密的自我规范体系和自我调控程序[4]，同时建立和完善针对广告信用活动的法制约束机制"[5]，贯彻制度建设、行政监管和道德自律三位一体的原则。

避免和消解广告对儿童的不良影响，必须由家长、广告人和全社会共同努力。

1. 增强父母责任

父母对儿童收看广告的指导承担首要责任，父母道德及信念的强度，"与他们在儿童食品广告中的道德判断和道德行为显著相关"[6]。通过亲子交

---

① 张曦：《现代广告的伦理思考》，《洛阳师范学院学报》2005 年第 1 期。
② 杨琪、朱美芬：《伦理学视域下的儿童广告道德缺失探析》，《学理论》2014 年第 9 期。
③ 陆永工：《广告管理文化研究》，《当代传播》2005 年第 4 期。
④ 蔡昕：《广告：创意与伦理夹缝中的舞蹈》，《新闻界》2009 年第 5 期。
⑤ 任玛：《商业广告创意的伦理失范问题研究》，《现代商业》2011 年第 23 期。
⑥ Bakir, Aysen, "How Are Children's Attitudes Toward Ads and Brands Affected by Gebder-Related Content in Advertising?" *Journal of Advertising*, Spring 2010, Vol. 39 Issue 1, pp. 35 - 48.

流可以增进儿童对广告真实性的判断，父母可以告诉孩子，广告中的劝说是"不平等的，会损伤孩子自身的利益"①。

2. 减少播出

仅仅限制针对儿童的广告不能有效降低广告暴露，但"降低广告暴露可显著减轻家庭购买"②。通过降低需求证明广告时间并"不会减轻对儿童的广告效果"③。为了减少不健康的广告出现，必须减少节目中广告的播放，阻止食品营销走入学校，特别是在低收入地区，这些变化"需要公众的支持和集体行动"④。

3. 适当利用威胁诉求

针对儿童食品健康的研究发现，广告中的威胁诉求的说服效果更好，对儿童不健康饮食的警告更易引起儿童的情感反应。与典型的儿童广告中的娱乐和"吃"相比，"威胁诉求的效果和说服更明显"⑤。

4. 监管自律

父母希望看到使用植入式广告有更多的监管，"特别是酒精，烟草和快餐食品"⑥，应该在儿童收视高峰时期"对食品广告进行监管"⑦。

一些国家正在考虑禁止针对儿童的快餐广告。例如在加拿大的魁北克省，自实行快餐广告禁令后，每年"减少快餐消费 8800 万美元，广告禁令

---

① Livingstone, Sonia, "Does TV Advertising Make Children Fat?" *Public Policy Research*, Mar. 2006, Vol. 13 Issue 1, pp. 54 – 61.

② Rui Huang, "Buy What Is Advertised on Television? Evidence from Bans on Child-Directed Food Advertising", *Journal of Public Policy & Marketing*. Fall 2013, Vol. 32 Issue 2, pp. 207 – 222.

③ Soontae An, "Do Online Ad Breaks Clearly Tell Kids That Advergames Are Advertisements That Intend to Sell Things", *International Journal of Advertising*, 2013, Vol. 32 Issue 4, pp. 655 – 678.

④ Schor Juliet B, "From Tastes Great to Cool: Children's Food Marketing and the Rise of the Symbolic", *Journal of Law, Medicine & Ethics*, Spring 2007, Vol. 35 Issue 1, pp. 10 – 21.

⑤ Charry, Karine. M, "Enfants et Promotion de L'alimentation Saine : Étude de L'efficacité de L'utilisation de Menaces en Publicité", *Recherche et Applications en Marketing (AFM c/o ESCP-EAP)*, 2011, Vol. 26 Issue 2, pp. 3 – 28.

⑥ Simon Hudson, "Advocates, Interest Groups and Australian News Coverage of Alcohol Advertising Restrictions: Content and Framing Analysis", *BMC Public Health*, 2012, Vol. 12 Issue 1, pp. 727 – 738.

⑦ Kelly, Bridget, "Television Food Advertising to Children: A Global Perspective", *American Journal of Public Health*, Sep. 2010, Vol. 100 Issue 9, pp. 1730 – 1736.

是有效的"①；联邦贸易委员会认为，儿童的广告审查单位（CARU）和儿童食品饮料广告，应当发挥主动性带头作用，"为广告客户提供全面的指导，以解决广告对儿童肥胖的影响"②；2007 年，英国媒体监管机构英国通信办公室开始针对关于儿童食品和饮料的电视广告实施新的限制，"作为政府部门广泛打击儿童肥胖的措施之一"③；加拿大儿童电视行动组织力图使电视网络、电视台和广告主相信，儿童是特殊的人类群体，而不完全是缩微的消费者，"依靠电视广告收入和公共服务基金建立新的儿童电视节目财力保障系统，这套系统对儿童的利益会比对广告主的利益更为关心"④。

广告业应"审查广告对儿童的自我调节"⑤，广告行业必须改进和评估目前的自律监管系统，并且建立健全法律制度，以满足重要的公共利益目标。

六 儿童广告素养教育

儿童对广告的认知和态度受到儿童发展水平的影响和家庭因素的制约。

"儿童的年龄对电视儿童广告的理解有显著的正面影响"⑥，儿童对广告的理解水平在 10 岁左右时显著提高，"理解名人代言的广告的年龄较小，理解产品演示的广告需要更大的年龄"⑦，"植入式广告是儿童理解最困难的"⑧。

---

① Dhar, Tirtha, "Fast-Food Consumption and the Ban on Advertising Targeting Children: The Quebec Experience", *Journal of Marketing Research* (JMR), Oct. 2011, Vol. 48 Issue 5, pp. 799-813.

② Carpenter Childers, "Courtney, An Analysis of CARU Cases from 2000-2010", *International Journal of Advertising*, 2012, Vol. 31 Issue 2, pp. 257-290.

③ Buckingham, David, "Beyond the Competent Consumer: the Role of Media Literacy in the Making of Regulatory Policy on Children and Food Advertising in the UK", *International Journal of Cultural Policy*, May 2009, Vol. 15 Issue 2, pp. 217-230.

④ 〔加〕萨伯·班迪奥帕达亚等：《电视广告对儿童有益吗？（续）——有关的问题和政策建议》，安青虎译，《工商行政管理》2001 年第 17 期。

⑤ Ambler Tim, "Whose Minds Are Messed Up", *International Journal of Advertising*, 2008, Vol. 27 Issue 5, pp. 885-895.

⑥ Khatibi, Ali, "Gaining a Competitive Advantage from Advertising (Study on Children's Understanding of TV Advertising", *Journal of American Academy of Business*, Cambridge, Mar. 2004, Vol. 4 Issue 1/2, pp. 302-308.

⑦ Rozendaal. Rozend, Esther, "Children's Understanding of Advertisers' Persuasive Tactics", *International Journal of Advertising*, 2011, Vol. 30 Issue 2, pp. 329-350.

⑧ Owen, Laura, "Children's Understanding of Advertising: An Investigation Using Verbal and Pictorially Cued Methods", *Infant & Child Development*, Nov./Dec. 2007, Vol. 16 Issue 6, pp. 617-628.

"社会地位低的家庭的儿童，更不信任广告，却更容易受到广告的影响而尝试消费"[1]；不同社会阶层家庭的儿童，对广告中出现的健康信息的认知存在"知沟"[2]；不同家庭沟通模式也影响儿童对广告的态度，交互型和多元型的母亲比保护型和放任型的母亲"更经常与孩子一起看电视、讨论电视广告、控制看电视时间"[3]。

儿童广告素养的培养，旨在教育儿童对"广告的说服性有本质的认识"[4]，产生儿童之间"对广告的态度差异"[5]，电视广告能构成孩子自己使用和享受的资源，"孩子们从广告的被动接受者到积极参与者，并享受这种沟通形式"[6]。首先，应该根据儿童心理成长的不同阶段，"因时制宜"，采用不同的教育方式，家庭、老师和同伴关系都会影响儿童广告素养教育的开展。其次，应让儿童全面地认识和了解广告。最后，"应该由浅入深地对儿童进行教育，教育形式多样化"[7]。例如，可以上一节"身边的广告"的社会活动课，帮助儿童了解广告的用途、形式、分类，选择优秀的儿童电视广告的片段。[8]

七 儿童广告的相关法规

（一）我国的相关法规

1. 《中华人民共和国未成年人保护法》

第35条规定：未成年人的食品、药品、玩具、用具和游乐设施等，不得有害于未成年人的安全和健康。也就是说这些儿童用品在做广告的时候，

① 王迪：《电视广告对不同 SES 家庭儿童的影响力研究》，《广告大观（理论版）》2007 年第 1 期。
② 王迪：《儿童对电视广告中健康信息认知的"知沟"研究》，《新闻大学》2010 年第 1 期。
③ 张红霞、杨翌均：《家庭沟通模式对儿童广告态度的影响》，《心理科学》2004 年第 27 期。
④ Eagle Lynne, "Commercial Media Literel", *Journal of Advertising*, Summer 2007, Vol. 36 Issue 2, pp. 101 - 110.
⑤ Yates, Bradford L. , "Media Literacy and Attitude Change: Assessing the Effectiveness of Media Literacy Training on Children's Responses to Persuasive Messages within the Elm", *International Journal of Instructional Media*, 2011, Vol. 38 Issue 1, pp. 59 - 70.
⑥ Lawlor, Margaret-Anne, "Advertising Conniossesrs: Children's Active Edgagement with and Enjoyment of Television Advertising", *Irish Marketing Review*, 2009, Vol. 20 Issue 1, pp. 23 - 34.
⑦ 卫修锋：《论如何提高儿童的广告素养》，《广告大观理论版》2006 年第 4 期。
⑧ 王利：《浅析教育者如何指导婴幼儿收看儿童电视广告》，《大众文艺》2011 年第 15 期。

对商品的用途、使用方法、质量、注意事项等的表述，应当清楚明白，便于儿童理解，不能损害儿童的身心健康。

2. 《广告活动道德规范》

该规范规定：广告创意中应正确恰当使用儿童形象，有利于维护未成年人的身心健康和培养儿童良好的思想品德。

3. 《国家工商行政管理局广告审查标准》

该规定第五章专门对儿童广告的审查标准予以了规定，"儿童广告必须有益于儿童的生理和心理健康，有利于培养儿童优秀的思想品质和高尚的情操"，同时要求儿童广告应当浅显、易于儿童理解，并提出"不适于儿童使用的产品的广告，不得有儿童参加演示"。

4. 中国广告协会制定了有关特殊广告类型的自律规则

如《奶粉广告自律规则》第 5 条规定："奶粉广告中不应单独使用'婴儿'的字样，或出现 1 周岁以内婴儿的形象、声音；'较大婴儿'奶粉及其他奶粉广告中，使用幼儿形象的，须展现其独立行走 1 周岁以上儿童特有的状态，并不应将母乳代用奶粉的特有形象混同其中。"

5. 香港《广告与儿童标准》

该标准规定：广告中不得出现儿童独自进入陌生区域或者独自与陌生人交谈；不得出现因为没有广告中所宣传的产品而受到其他儿童的蔑视和嘲笑。

广告画面中的儿童要处于安全的环境，不能出现儿童将身体伸出床外、桥边，或者儿童在使用火柴，或者儿童近距离接触煤气、汽油等危险设备，或者儿童正在攀登悬崖峭壁等可能被观看儿童模仿的危险情况。

（二）国外相关法规

1. 英国《独立电视委员会广告业行为标准准则》

这个准则的《附则一》有 15 条有关儿童广告的规定。

第 1 条规定，"不得播放可能会对儿童身体、心理或者精神造成伤害的商品或者服务广告，不得使用可能会对儿童身体、心理或者精神造成伤害的广告创意手法，也不得使用那些利用儿童天真纯朴、诚实轻信的弱点的广告方法"，广告必须提供证明证实内容的真实性。

第2条是关于对广告误导的限制。"不得致使儿童产生不切实际的期望，例如，通过滥用虚拟场景或者特殊效果渲染玩具的性能和游戏的趣味。"

第3条关于玩具的广告和游戏，要求电视中儿童玩具真实大小必须易于为儿童所判断，对于玩具在现实生活中的原型的利用，应加以适当限制。

第4、5、6、7、8、11、12、13、14、15条，分别对儿童广告中的竞赛、直接劝购、购买暗示、平等、鼓动购买、安全、危险、滥用身体描绘、俱乐部产生以及广告中儿童的举止和行为等内容进行了限制，"电视广告中的儿童应具有与其年龄相称的礼貌和得体的举止"。

第9条对儿童广告的播出时间进行了严格的限制。"除非经过独立电视委员会批准，下列广告只能在晚9点后播放：（1）凡含有儿童使用的任何药品，或者维生素或者其他关于儿童营养补充内容的广告；（2）运用卡通片、玩具或者儿童特别感兴趣的人物"①。

第10条对儿童广告的价格进行了明确的规定，并且指出"不得使用诸如'仅仅''只有'等字眼，让儿童误以为商品价格非常低廉"。

2.《美国电视广告规范》

该规范对儿童广告的内容和播出时间进行了规定："对正常安全有影响的广告，应禁止播映。对具有某种危险性可能的商品，禁止儿童参加其广告活动"，"在儿童节目时间，每30分钟的节目，其广告插播不得超过2次，每60分钟的节目，其广告插播不得超过4次"。

3. 加拿大儿童广告自律体系

该体系分为三部分，分别是事先防范——自律准则的颁布与实施，事后追惩——投诉平台的建立与应用，公众教育——健康生活方式的倡导与媒介素养的提升。② 加拿大也被全球公认为是儿童广告规范最为全面系统的国家。

《加拿大广告标准准则》规定："禁止将儿童作为广告对象。"《加拿大广播电视儿童广告准则》的目的在于："帮助广告主，避免在儿童教育中帮倒忙。"

儿童电视行动组织向联邦通讯委员会提出三点请愿：（1）儿童电视节目

---

① 安青虎：《英国儿童电视广告准则》，《工商行政管理》2001年第1期。
② 钱婕：《加拿大儿童电视广告自律体系初探》，《电视研究》2010年第12期。

中不应有赞助者和广告出现；（2）不应允许演员在儿童电视节目中使用可以看到商标名称的商品、服务、物品，或提及所使用的商品、服务、物品的商标名称，也不应允许以任何方式在儿童电视节目中出现此类商标名称；（3）各电视台每天均应播出供儿童观看的节目，而且每周播出儿童节目的时间不得少于 14 小时。

4. 德国《广播电视法》

该法规定：不得播放香烟、宗教、慈善、麻醉剂的电视广告，不得使用儿童推广产品，不得发布带有战争色彩的玩具广告，禁止对儿童节目进行赞助。

5. 国际广告客户联合会提出的《国际电视广告准则》

该准则对儿童广告有多条限制，例如"广告不应以任何方式暗示，使儿童必须出钱购买某种产品或服务"，"在儿童节目中或在儿童所喜爱的节目中不应做伤害儿童身心的广告，亦不许利用儿童轻信之天性或忠诚心做不正当广告"等。

此外，在广告伦理的研究中，很多学者提倡媒体自律，各级各类媒体应充分意识到自己的社会责任，对自己在创造社会舆论、引导社会行为方面的作用有正确的认识，既保证媒体的言论自由，也有效地保护儿童。

第一章　儿童广告伦理的儿童学基础

波特图式（the Potter Box）是由拉尔夫·波特于 1965 年提出的一套伦理决策方法①，波特在研究中不断地修正自己的理论，并于 1999 年明确提出，道德推理应该包括以下四个基本步骤（见图 1 - 1）。

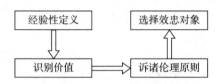

图 1 - 1　拉尔夫·波特的道德推理模型②

第一步，对自身面临的道德情境的把握和定义，即定义所面临的道德情境的实质和可能存在的冲突，这些定义是和研究者自身的经验有关的，不同的研究者对同一道德情境的把握是不同的。

第二步，确定在具体道德境遇中的价值立场，即价值阶段，在可选择的价值中，如何处理冲突的价值观。

第三步，将价值立场通过诉诸伦理原则，帮助研究者判断应该如何对价值进行取舍。

第四步，所有的分析和判断都归结于研究者想忠诚的对象，在波特图式关于行为伦理决定的分析中，忠诚决定了所持的价值立场，遵循的伦理原则，并最终决定向谁承担道德责任。

本书借鉴波特图式，确定分析儿童广告伦理问题的理论思路。

1. 按照波特图式的分析步骤，当本书分析儿童广告的伦理问题时，第

---

① Potter, R. B. (1965), "The Structure of Certain American Christian Responses to the Nuclear Dilemma", 1958 - 1963, *Doctoral Thesis*, Harvard University.
② 郑根成：《波特模式的实践启示与反思——行为伦理决定模式中道德推理的理论与实践分析》，《伦理学研究》2012 年第 5 期。

一步，要进行儿童广告中伦理困境的定义；第二步，面对儿童广告中的伦理困境，研究者提出自己的价值判断，可能会不止一个；第三步，结合伦理的相关准则，确定价值立场是否符合或违背伦理准则；第四步，研究者思考自己所忠诚的对象是儿童还是其他广告主体，从而进行最终的价值立场，确定伦理责任。

2. 本书尝试从逆向的角度来思考有关儿童广告的伦理问题（见图1－2），为儿童广告伦理的研究确立应有的伦理准则和价值立场，建立儿童广告伦理研究的理论基础。

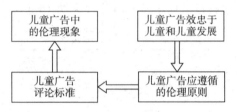

图1－2　儿童广告的道德推理模型

第一步，儿童广告的忠诚对象是谁？儿童广告影响儿童发展。因此，儿童广告必须忠诚于儿童，必须忠诚于儿童的特点和发展的要求，这是儿童观和教育观的问题。

第二步，既然儿童广告是忠诚于儿童和儿童发展的，那么它有什么伦理准则呢？

第三步，在这样的伦理准则面前，可以体现为怎样的价值观念？在儿童广告中是如何表现的？有哪些内容可以考察？

第四步，在以上三步的基础上，我们就有了一个儿童广告应有的伦理框架，并由此来审视儿童广告。

第一节　儿童广告伦理的儿童观

广告大师奥格威曾说："在你动手写你的广告之前，先研究产品是值得的。"我们也可以说：在研究儿童广告之前，先研究儿童是值得的。因为儿童是儿童广告伦理需要忠诚的对象，秉持怎样的儿童观和教育观，将最终决定在判断儿童广告的伦理困境时所持的伦理准则。

《教育大辞典》将儿童观界定为："看待和对待儿童的观点的总和。涉及儿童的特性、权利和地位，儿童期的意义，以及教育和儿童发展之间的关系等问题。""儿童观受到社会文化的影响。儿童观与社会期待、儿童观与时代精神之间存在一种深深的纠缠。"①

综观儿童观的发展，我们可以将它大致分为成人主义儿童观、自然主义儿童观和人本主义儿童观三类，"在历史上它们有着先后主导的时间阶段"②。

一　成人主义儿童观

成人主义儿童观认为儿童是小大人，他们与成人没有本质上的区别，这一阶段的儿童观其实并没有儿童，儿童独特的身心特点也没有被发现，儿童无论从外在穿着上，还是行为要求上，都是"缩小的""雏形的"成人。

在中国漫长的封建社会里，推崇的是那种"小时了了"的少年老成，一方面对天真无邪、童言无忌加以嘲讽，认为儿童不可能拥有健康的属于自己的精神生活，不可能充分享受童年的乐趣；另一方面，将子女看作自己的生命和权力得以不朽的一种手段，把子女看作小祖宗，看作传宗接代的工具，这种看起来似乎与"子子"儿童观相去甚远，但实质上他们有共同的一面，那就是，儿童都未能从封建的人格依附关系的链条中解脱出来。

二　自然主义儿童观

夸美纽斯提出了著名的"种子论"，他认为人的身上自然地播有知识、道德和虔诚的种子，通过教育便可以把它们发展出来。他还相信一切儿童都可以造就成人。卢梭首次"发现"了儿童，"提出自然准备了儿童按他自己的方式去发展，二者是绝不应当予以阻挠的，并不断被后来的教育家发展完善，形成了系统的自然主义儿童观"③。

自然主义儿童观以人性善为假设前提，其伦理内涵包括：教育要尊重儿童，把儿童当作发展中的人；把儿童当作儿童；把儿童当作独立的个体等。

①　王海英：《20 世纪中国儿童观研究的反思》，《华东师范大学学报》2008 年第 6 期。
②　李炳泉：《儿童观的演变与教育理念的变革》，《青岛大学师范学院学报》2010 年第 9 期。
③　李炳泉：《儿童观的演变与教育理念的变革》，《青岛大学师范学院学报》2010 年第 9 期。

1. 把儿童当作儿童。卢梭在《爱弥儿》中呼吁："自然要它们没有成为成人前还是儿童……如果我们打乱了这个次序，我们就会造成一些早熟的果实，它们长得既不丰满也不甜美。"罗素断言，教育如果"泯灭儿童期的幻想就等于把现存的一切变成束缚"。

逼成人过小孩子的生活固然不可以，那么，"逼迫儿童过成人的生活，让小孩子说大人话，便同样的不人道①"。现代的儿童不是懂事懂得太晚了，而是懂事懂得太早了，"他们幼年、童年和少年的心灵状态不是被破坏得太晚了，而是被破坏得太早了"②。

儿童原本一直就是生活的主体，应当让儿童过本该属于他们的童年生活，人生的每一个阶段都是弥足珍贵的，不能为了将来所谓的社会竞争力，强加给儿童不适当的教育，牺牲儿童的幸福。

2. 儿童教育必须遵循儿童的自然发展，儿童有与成人不同的生理和心理特点。儿童的教育首先"要让儿童进入大自然中，让孩子在自然中受教"③。儿童的成长就是儿童自身"内在自然"的展开，"儿童是自己的创造者"④。

3. 强调儿童的个体差异。儿童就像自然界中存在的各种事物一样，不同的儿童之间无论是先天素质还是后天习得与发展，都存在一定的差异，"不能把儿童完全等同起来，相反要关注并适应儿童的差异"⑤。

4. 儿童有自己的观点和认识世界的方式。成人和儿童是站在不同的立场来认识我们共存的世界，儿童和成人都是国王，只不过他们是不同王国的统治者而已，"承认儿童认识世界的方式和独特的视角，也就是承认儿童世界的特殊存在及其特有的价值"⑥。

5. 遵循儿童发展的敏感期和阶段性。蒙台梭利的儿童观表明，儿童心理发展是天赋能力在适宜环境中的自然表现，儿童心理发展存在敏感期和

① 刘晓东：《解放儿童》，新华出版社，2002。
② 丁海东：《论儿童生活与教育》，《当代教育科学》2005 年第 5 期。
③ 秦楚：《重新认识儿童——论卢梭儿童教育观及其对当代儿童教育的启示》，《中国农村教育》2013 年第 3 期。
④ 蒋雅俊、刘晓东：《儿童观简论》，《学前教育研究》2014 年第 11 期。
⑤ 李炳泉：《儿童观的演变与教育理念的变革》，《青岛大学师范学院学报》2010 年第 9 期。
⑥ 朱宁波：《试析现象学视野中的回归儿童生活世界》，《教育科学》2006 年第 10 期。

发展的阶段性。蒙台梭利提出了敏感期的概念，"敏感期是指生物在起初其发育阶段所具有的一种特殊敏感性。人生最初两年会影响人的一生。儿童非常敏感，一点点粗鲁行为都影响他们的一生"，并认为儿童不同的心理特征发展的敏感期不同，例如文化学习敏感期是 3 岁到 6 岁。蒙台梭利认为在适当的敏感期内给予幼儿相应的适当的刺激，为幼儿创设一个有利于发挥幼儿敏感力的环境，才能为儿童将来的发展提供很好的基础。

　　随着儿童研究运动的发展，更多的心理学家、教育学家，开始研究儿童发展的规律和年龄阶段，其中以皮亚杰和维果茨基为代表。

　　"皮亚杰根据儿童认知发展的特征，将儿童的发展分为四个阶段"[1]，其中第二阶段是前运算思维阶段（2 岁至 7 岁），可以被分为两个亚阶段。第一亚阶段从 2 岁持续到 4 岁左右，特征是语言的自我中心主义使用以及解决问题时对感知过于依赖；第二亚阶段从 5 岁持续到 7 岁左右，又被称为直觉思维阶段，处于逻辑思维的重要发展阶段。

　　维果茨基分别从言语和思维的发展特点上，将儿童的发展阶段划分为言语发展阶段和思维发展阶段（见图 1 - 3）。

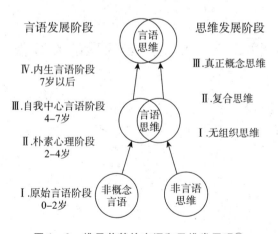

图 1 - 3　维果茨基的言语和思维发展观[2]

---

① 〔美〕R. 默里·托马斯:《儿童发展理论——比较的视角》（第六版），郭本禹、王云强等译，上海教育出版社，2009，第 151 页。

② 〔美〕R. 默里·托马斯:《儿童发展理论——比较的视角》（第六版），郭本禹、王云强等译，上海教育出版社，2009，第 182 页。

三　人本主义儿童观

人本主义儿童观的核心理念是儿童首先是人，应当享有所有人应当具有的尊严、权利、地位等。我们首先应当认识到儿童是作为人的儿童，然后才是作为儿童的儿童。"儿童与成人一样具有人的价值和尊严，也都面临同样的问题"①，儿童与成人的关系是一种民主平等关系，儿童应该得到与成人同样的尊重，儿童自我实现的途径是他们得到尊重。儿童知道自己该怎么发展，该学什么或怎样学，其生长与发展取决于自己，而不是他人。

因此，现代意义上的儿童观应当包含三方面，一是尊重儿童发展，把儿童当作发展中的人来看待；二是把儿童当作儿童，儿童与成人一样享有"目的和地位"②；三是把"儿童看作独立发展的个体"③。我们应该聚焦于儿童良好的天赋和无限的发展性，"从优势角度看待儿童，解放儿童身心"④。科学的儿童观是以儿童身心发展的基本规律为出发点的，是"以社会发展的需要和社会对未来一代的期待为引导的"⑤。

第二节　儿童广告伦理的教育观

我们在探讨儿童广告应当遵循的儿童观的同时，也应当将儿童广告看作是教育的载体，分析广告所呈现的教育理念，促进儿童广告的教育性，至少避免儿童广告传播错误的教育观念。"少儿节目要符合少年儿童的欣赏情趣，适应不同年龄层次少年儿童的欣赏需求，做到知识性、娱乐性、趣味性、教育性相统一。"⑥

---

① 石中英：《教育哲学导论》，北京师范大学出版社，2004，第92页。
② 蒋雅俊、刘晓东：《儿童观简论》，《学前教育研究》2014年第11期。
③ 杨冬雷：《卢梭儿童观的伦理探析》，《理论探索》2013年第6期。
④ 贾云：《论儿童观的范式转型——社会建构主义视野中的儿童观》，《南京师范大学学报》2009年第3期。
⑤ 虞永平：《论儿童观》，《学前教育研究》1995年第3期。
⑥ 《中共中央国务院关于进一步加强和改进未成年人思想道德建设的若干意见》。

成人主义教育观的核心思想是：以对成人教育的方式对待儿童；以同样的方式对待所有的儿童。自然主义教育观的核心思想是：教育要适应儿童的自然本性、身心发展水平或特征，依据儿童的身心发展特点设计教育，教育应考虑儿童的个别差异，因材施教。人本主义教育观的核心思想是：尊重儿童，以学生的需要为动力，以学生为中心，"教育的目标是促进学生的发展或自我实现，引导学生从教材中获得个人意义"①。

一 儿童中心的教育理念

杜威曾说："儿童变成了太阳，而教育的一切措施则围绕着他们转动；儿童是中心，教育措施便围绕着他们而组织起来。"

儿童中心的教育理念意味着，应当以儿童的需要为出发点，有关儿童的活动目的、内容和方法等都应符合儿童的特点，满足儿童的发展需求。坚持科学育儿，遵循幼儿身心发展规律，促进幼儿健康快乐成长，发展儿童的天赋能力。

二 教育应当促进儿童的生命成长和全面发展

儿童教育的目的是促进儿童的生命成长，"让儿童充分展现生命的力量，让儿童充分感受生命的意义和愉悦，让儿童成为他（她）自己"②。生命的生长是整体的，幼儿对于自然界和认识界没有分明的界限，他看宇宙间一切的一切，都是整个的，因此对儿童的教育也应当是整个的、连贯的。

陈鹤琴先生用五指课程生动地阐述了教育应当促进儿童全面发展的思想。他指出教育应当依据儿童身心的发展，在儿童生活中结成一个教育的网，有组织有系统，合理地编织儿童的生活。我国《幼儿园教育指导纲要（试行）》中明确提出，幼儿的学习是综合的、整体的。幼儿园应当贯彻国家的教育方针，坚持保育与教育相结合的原则，对幼儿实施体、智、德、美诸方面全面发展的教育。

---

① 李炳泉：《儿童观的演变与教育理念的变革》，《青岛大学师范学院学报》2010年第9期。
② 虞永平：《学前课程与幸福童年》，教育科学出版社，2012，第4页。

三　教育应当尊重儿童的个体差异，发展儿童的一百种语言

在《孩子的一百种语言》一书中，马拉古齐说："孩子是由一百组成的，孩子有一百种语言，一百只手，一百个念头，一百种思考方式、游戏方式及说话方式。"每一个儿童都是独特的，每一个儿童都是自我成长中的主角，每一个孩子都富有巨大潜能，需要我们尊重他们的独特性。

如果忽视儿童的个体差异，教育就像《摩登时代》中的生产线，生产的是千篇一律的产品，儿童的独特性就会被抹杀。因此，教育家们呼吁应重视幼儿的个别差异，为每一个幼儿提供发挥潜能的机会，并使他们在已有水平上得到进一步发展的机会和条件。

四　教育应当为儿童提供适宜其生长的环境

环境对儿童发展具有十分重要的作用，儿童身心的发展有赖于环境的刺激，心神与环境是不能分离的，也是无可分离的。教育的首要条件就是向儿童提供环境，以保证大自然赋予他们的能力能够得到充分的发挥。[①] 蒙台梭利提出必须为儿童提供有准备的环境，有准备的环境包含五个要素：自由的观念、结构与秩序、真实的存在、美的气氛以及有利于社会性的发展。儿童的教育要让儿童在美丽的环境里舒畅身心，应该以大自然、大社会为教材，"怎样的环境，就得到怎样的刺激，得到怎样的印象"[②]。

"儿童应该在一个支持性的、培育性的文化和社会环境中长大"[③]，"应该在有幸福、爱和理解气氛的家庭环境里成长"[④]，"在慈爱的、精神上与物质上有保障的气氛下成长"[⑤]，"幼儿园应为幼儿提供健康、丰富的生活和活动环境"[⑥]。就更广泛的社会环境和时代而言，我们需要建立一个适合儿童

---

① 〔意〕玛丽亚·蒙台梭利：《有吸收力的心灵》，高潮等译，中国发展出版社，2006，第70页。
② 《陈鹤琴全集（第五卷）》，江苏教育出版社，2008。
③ 《联合国发展纲领》。
④ 《世界人权宣言》。
⑤ 《儿童权利宣言》。
⑥ 《幼儿园教育指导纲要（试行）》。

生长的世界，使儿童能够"在安全和稳定的环境中，在快乐、关爱和理解的气氛中成长"①，使儿童"在一个保护性的环境中发现自己的特性，认识到自己的价值"②，使所有儿童"享有一个更为安全健康的未来"③。

五　儿童在主动探究中学习，发挥儿童的主动性

儿童心理发展是"通过工作实现的"④，在皮亚杰看来，儿童的主动包括：一是对环境的作用是主动的；二是儿童在心理上是主动。只有做到这两方面的主动，才是真正的主动学习，经过自由探索和自发努力所获得的知识，才能够保持住。儿童的学习主要是以自己的方式主动选择、加工并建构外界信息的过程，而不是被动接受信息的过程。

森上史郎曾将日本的小学化现象分为三大类："一是保育的现代化，即将幼儿园教育小学化，分科进行系统的教学指导；二是重视智能早期开发的认知主义保育，它试图替代以往以情感为中心的保育；三是迎合家长的需要，以看得见的高标准的知识技能学习为亮点的大招牌式保育。"⑤

"小学化"倾向导致了儿童不能够享受幸福童年，"被剥夺了快乐的时光，背上沉重的包袱"⑥。小学化可以分为显性的小学化和隐性的小学化。显性的小学化表现为：第一，日常生活安排不合理，常常会像小学那样从早到晚的"上课"；第二，幼儿上课时采用集中授课的方式，"课程内容采用分科教学，像小学那样正规地上课"⑦；第三，小学化还可以通过明显的空间设计看出，例如桌椅的摆放、区域的设置等。隐性的小学化往往存在得更为普遍，主要存在于教育观和儿童观中，表现为偏重知识、技能的灌输与训练，忽略儿童的游戏探究的学习等。

---

① 《关于儿童问题特别会议宣言》。
② 《儿童生存保护和发展世界宣言》。
③ 《儿童生存保护和发展世界宣言》。
④ 霍力岩：《试论蒙台梭利的儿童观》，《比较教育研究》2000 年第 6 期。
⑤ 〔日〕高杉自子：《与孩子们共同生活——幼儿教育的原点》，王小英译，华东师范大学出版社，2009，第 4 页。
⑥ 马文华、孙爱琴：《儿童观的现代困境与出路》，《教育实践与研究》2014 年第 19 期。
⑦ 罗永恒：《幼儿教育岂能"小学化"》，《江西教育》2001 年第 11 期。

六　游戏是儿童的主要生活方式

儿童的学习具有情境性，意义的建构是在真实的解决问题或执行任务的过程中完成的[①]，游戏是幼儿主动学习的主要方式。

福禄贝尔十分强调游戏的价值，他认为游戏是儿童内在的需要，游戏是儿童时期最纯洁的精神产物，它给人以欢乐、自由、满足，一切生命的根源来自游戏。陈鹤琴也指出，"小孩子生来好动，以游戏为生命，游戏是正在成长中的儿童最大的心理需求"[②]。对儿童来说，游戏是最重要的，没有游戏，儿童的生活是不完整的、不精彩的，也就谈不上儿童的幸福生活，谈不上儿童的生命成长。

若要孩子幸福、健康，就"必须为他提供玩耍和装扮的机会"[③]，游戏的内容和主题是儿童从现实的日常生活中转化、组合、改造和创新而来，"而不是刻板的演练和完成事先确定的任务"[④]。

第三节　儿童广告伦理之成长

儿童广告应当承担起促进儿童成长的责任，通过广告的传播，宣传正确的儿童培养的理念。

一　以儿童为中心，尊重儿童的需要、年龄特点和儿童发展的最近发展区

广告应当体现"儿童当作儿童"的本质，广告中的儿童应当是儿童真实生活的写照，儿童的生活方式应当区别于成人，应当有自己的年龄特点。例如，广告中的儿童行为表现等应当符合儿童的年龄特点，不应出现明显与儿童年龄不符的现象，特别是在体现教育内容的广告中。教育内容方法

[①] 于冬青：《关键经验：学前教育活动设计的新思路》，《东北师范大学学报》（哲学社会科学版）2012 年第 5 期。

[②] 黄人颂编《学前教育学参考资料（下册）》，人民教育出版社，1991，第 286 页。

[③] 罗素：《教育与美好生活》，杨汉林译，河北人民出版社，1998，第 73 页。

[④] 虞永平：《学前课程与幸福童年》，教育科学出版社，2012，第 52 页。

等也应从儿童的实际水平出发，促进儿童自己需要的满足，而不是家长的自我成就感的满足。

同时，我们也应当关注儿童广告中那些"有主见"的儿童，关注这些主见反映的需要是否合理。

二 尊重儿童的个体差异，鼓励儿童充分地表现自我

广告通常鼓吹一种统一的生活方式，希望受众都毫无差异地"发展"。儿童广告往往树立一个模仿的榜样，一个人人一样的模板，例如，通过广告中的画面或台词宣传"人人都是……""快和我一样吧"之类的理念。本书认为儿童广告应当尊重儿童的个体差异，鼓励儿童展现个性，通过自己独特的方式表现产品，例如，某产品广告中的三个儿童，分别通过语言、绘画和动作表现对产品的喜爱。

三 鼓励儿童主动探究，体现以游戏为主要的生活方式，避免小学化倾向

儿童广告中的儿童是活泼的，体育游戏、角色扮演、建构游戏等在广告中随处可见，各种游戏活动成为儿童广告的主要承载方式。我们需要澄清的是，在游戏式的广告中，儿童的主体性和自发性是否有所体现，是否为儿童提供了主动探究的机会？真正的游戏中的儿童应当是自由的，表情应当是发自内心的满足与喜悦，更重要的是儿童对游戏的热爱是全神贯注的，如果儿童身在游戏意在展示产品，那么这样的游戏就只能算是形式游戏，与儿童的生活方式差距甚远。

儿童广告中小学化的表现比比皆是，主要有三类，第一类是物理空间位置的小学化；第二类是对幼儿采用集体授课的方式，并要求所有儿童给出一致的答案等；第三类是强调知识的灌输，宣扬机械的背诵、算术等知识学习和过早的识字等。

四 为幼儿提供支持性的环境，弘扬中华民族的传统美德

幼儿的支持性环境包括幸福、爱和理解的家庭氛围，健康、丰富的学

校环境，以及安全稳定、积极向上的社会风气。在儿童广告中可以通过儿童与他人的互动进行考量，亦可以通过广告的环境创设进行判断。例如，儿童和家人互动频繁，互相关心，眼神中透露出关爱，有很多亲密的爱抚动作。家庭和学校的支持性表现可以通过关怀行为和关系来考察。

儿童广告中的不良风气主要有如下两种。

1. 渲染消费主义和拜金主义，煽动儿童过度消费

儿童广告给儿童提供了拥有广告商品后的快乐图景，向儿童保证只要去消费就能够融入这个充满魅力的世界，从而获得可炫耀的资本。越来越多的儿童在"炫耀性消费"和"消费示范"的广告文化的冲击下混淆了道德观。

在很多儿童广告中，都可以看到这样的桥段，"凑齐一套，就可以……""快来和我们一起加入……的联盟吧"。本书将儿童广告中的攀比和煽动的手段和表现分为以下四类。

（1）利益诱惑。例如，在某悠悠球的广告中，鼓动儿童："还能参加全国大赛，快带把我带回家吧。"

（2）利用儿童的从众心理，引发电视机前儿童的模仿消费。例如，在某肉松饼的广告中，广告语是"某某某，你有，我有，大家有"。又如，在某儿童饮料的广告中，儿童不止一次撒娇无聊地喊着"妈妈，我要喝！"

（3）鼓吹儿童张扬个性。例如，在某游戏机的广告中，号召儿童"想玩就玩，随时战斗"。

（4）特殊词语，通过一些带有独一无二含义的词语，"逼迫"消费。例如，在某童鞋的广告中，主张儿童要想童年欢乐多，"就穿某某鞋"；类似的还有"锁定蓝瓶钙"。

2. 曲解传统文化观念，以庸俗为趣味，宣扬暴力、色情文化

我们在对传统文化核心传承人进行重点保护的同时，还应该重视"群体"传承人的培养，而"群体"传承人培养的核心是儿童，因此在非物质文化遗产保护的过程中应强化"儿童意识"。

由于各种原因，使得广告无论在文化内涵上，还是在艺术表现上，呈现参差不齐的现象，低俗广告普遍存在，"广告画面渲染低级庸俗、封建迷

信的社会文化"①，甚至涉及淫秽色情，严重违背了社会良好风尚。

传统文化中的礼尚往来，被曲解成送礼拉关系，例如，一则保健品广告中，一小男孩嗲声嗲气地说："××送女士，祝你××；××送孩子，祝你××；××送长辈，祝你××。"

更多的儿童广告频频出现暴力危险的场景，"极易引起儿童的模仿，这对儿童的成长发育造成不利影响"②。

五　促进儿童全面发展

教育目的应当着眼于促进儿童生命的生长和儿童的全面发展。世界各国对儿童的发展都提出了自己的目标，例如，美国幼儿园的教育目标包括：有好奇心、想象力和创造力，有独立精神和探索精神，有信任感、责任感、自尊心，学会与人分享和合作，友好地与同伴交往，不断提高肢体动作的准确性、手眼动作的协调性，丰富知识、经验，并对知识经验进行总结、分类，发展他们的社会性和情感，培养学习技能，如读、写、算，但不强迫他们学习等。英国的培养目标中强调发展聆听、观察、讨论、实验的能力，注重对兴趣和个性的培养，注重能力、思维与想象的全面发展，在开放式的环境中充分展示自己。新西兰的教育目标重视儿童认识自己是"社会"中的一分子，而且懂得，不论性别、能力、年龄、种族、社会背景等，自己都应该得到尊重，同时也要尊重别人。日本的教育目标突出健康和安全教育，要求儿童自己的事情自己做，以及坚韧、不怕困难的精神。

我国的《幼儿园教育指导纲要（试行）》《幼儿园工作规程》《3－6岁儿童学习与发展指南》以及相关的法规公约中都对儿童发展目标有所涉及。

综合中外儿童发展的目标，结合儿童广告自身的性质，本书认为儿童广告应当体现儿童全面发展的目标，提倡儿童身心各方面的整体发展。儿童的全面发展可以包括健康发展，社会性的发展，科学精神和科学方法的发展，艺术性的发展等，儿童语言的发展等。就每一个发展领域而言，每

---

① 谢加封：《广告的德性——当前广告伦理失范的思考》，《内蒙古农业大学学报》（社会科学版）2007年第3期。

② 董西飞：《儿童广告伦理失范现象探析》，《东南传播》2014年第9期。

个领域中的多方面都应当在广告中有所体现。

1. 健康方面：促进儿童身体发育和智力发育；培养幼儿良好的生活习惯；形成独立自主的意识和能力；培养初步的安全意识，获得愉快的情绪体验等。

2. 社会性方面：乐意与人交往，与他人合作和分享；培养诚实、讲礼貌、守纪律等良好的品行；传承勤劳节俭、尊老爱幼等中华民族传统美德等。

3. 科学方面：有好奇心、想象力、创造力和勇于探索的精神；能够掌握、观察、比较、操作实验等。

4. 艺术方面：萌发对美的感受和体验，学会用心灵去感受和发现美，并用自己的方式去表现和创造美等。

5. 语言方面：丰富幼儿语言表达能力，培养阅读兴趣和良好的阅读习惯等。

第二章　儿童广告伦理的伦理学基础

伦理学的观点是我们确立儿童广告伦理的原则和价值立场的基础。

伦理学是一门关于美好生活的学问，它关心什么是美好的生活，如何获得更美好的生活。伦理涉及对神学和哲学的理解，以及思想史上对正义、美德、善等概念的讨论。伦理（道德）与社会，伦理（道德）与社会生活、社会历史是内在相关的，受到社会历史发展的制约，具有时代性。

当前伦理研究主要体现五种伦理原则：第一，美德伦理学，认为伦理的目的是追求终极的善，强调内在美德的培养；第二，义务伦理学，认为伦理就是无条件地履行义务；第三，功利主义伦理学，以"快乐"作为伦理的目的，判断孰是孰非是以最大多数人的最大幸福为准则；第四，正义论，即强调平等主义的观点；第五，关怀伦理学，即强调爱的伦理和关怀的伦理。[1]

基于以上五种伦理原则的分析，本书主要采用其中的三种作为本书的理论基础，分别是美德伦理学、正义论和关怀伦理学。

第一节　儿童广告伦理之德目

一　美德伦理学的基本观点：伦理即内在美德

美德伦理学历史悠久，随着社会的发展，美德的内涵也在变化，但基本的伦理思想是一脉相承的，即强调伦理的关键是个人内在美德的培养，"心灵的一种令每一个考虑或静观它的人感到愉快或称许的品质"[2]。正如休

---

[1]　〔美〕克劳福德·G. 克利斯蒂安等：《媒介伦理：案例与道德推理》，孙有中等译，中国人民大学出版社，2014，第 8 页。

[2]　〔英〕休谟：《道德原则研究》，曾晓平译，商务印书馆，2001，第 114 页。

谟所说："没有一个品质……是绝对地可谴责的，也没有一个品质是绝对地可称道的。这完全依其程度而定。"①

墨子对伦理的阐述更接近于美德伦理学，墨家先在《修身》篇中提出"廉、义、爱、哀、智、勇、恭、驯"等德目。

在苏格拉底看来，做得好既意味着具有德行的行为又意味着前景看好的生活。这一点，正如在他之后的柏拉图和亚里士多德认为的那样，是一个基本真理的表达。在英雄社会中，勇敢是最主要的美德，与勇敢相关的包括荣誉感、幽默感、忠诚和责任感。柏拉图提出了四种基本美德：节制、勇敢、智慧与正义，其中，"节制是渊源，其他三种美德从中延伸而出"②，是美德的必要成分。只有当正义被展示时，其他三种美德才能够被展示。亚里士多德发展了美德伦理学，认为最核心的美德是智慧，"自然的品质加上了理智，它们才使得行为完善，使得原来貌似美德的品质成为严格意义上的美德"③。

欧洲中世纪，正义是基督教七主德（信、望、爱、节制、审慎、正义、坚毅）之一，是一个人所要尽的天职。

今天，当我们从实践所依赖的关系来看，诚实、正义与勇敢，仍是真正的优秀品质，是我们自己和他人所必须遵守的美德，而不论我们的道德立场和社会准则是什么。美德伦理学的关键不在于阐述善良品质，而在于理解使之恰当运用的实践智慧，实践智慧的宗旨就在于区分实践的"真"与"不真"，并探求"真"④。

麦金泰尔在他的《伦理学简史》一书中，贯穿着一个基本思想——伦理（道德）与社会，伦理（道德）与社会生活、社会历史是内在相关的，这些不同类型的道德概念和判断本身又根植于不同的实际和可能的社会秩序形式中，并体现了这些社会秩序。

因此，笔者认为当代对儿童的理解是儿童伦理建立的基础，伦理必须

① 〔美〕罗尔斯：《道德哲学史讲义》，张国清译，上海三联书店，2003，第70页。
② 〔美〕克劳福德·G. 克利斯蒂安等：《媒介伦理：案例与道德推理》，孙有中等译，中国人民大学出版社，2014，第8页。
③ 李义天：《美德伦理与实践之真》，《伦理学研究》2011年第1期。
④ 李义天：《美德伦理与实践之真》，《伦理学研究》2011年第1期。

满足社会对儿童广告的需要，符合社会的发展方向。

二　正义论的基本观点：伦理即平等

"平等正义"的观念最早源于古代西方文化语境中的"fairness"和"justice"的概念，亚里士多德认为平等是正义的一种表现，平等即"给予具有美德的人、为实现美德做出贡献的人较好的待遇；给予品德不好的人、对社会造成恶劣影响的人较差的待遇"①。

罗尔斯指出，正义是社会制度的首要价值，正像真理是思想体系的首要价值一样。在《正义论》一书中，他阐述了正义的两条基本原则：第一原则是平等自由原则，是自由主义的基本立场，即每个人对与其他人所拥有的最广泛的基本自由体系相容的类似自由体系都应有一种平等的权利，它包括两个要求，我们每个人都具有对同样的基本自由的平等权利以及基本自由应尽可能广泛。

第二原则又包含两个原则，即差别原则和机会均等原则。差别原则表述的是在不平等的条件下，应安排使最少受惠者获得最大利益；而机会均等原则涉及的是在机会平等的条件下，职务和地位向所有人开放。罗尔斯的第二原则在处理非基本权利的不平等方面包含了更多的伦理考虑，使社会分配合乎社会中的每一个人的利益，尤其是合乎社会中处于最不利地位者的最大利益。

在这两个原则中，"第一个原则优先于第二个原则，而第二个原则中的机会均等原则优先于差别原则"②。

因此，正义最根本的是平等，一切人，一个国家的公民或社会成员，都应当有平等的政治地位和社会地位。当我们协商社会契约的时候，要选择保护弱者，"最容易受到伤害的应该优先考虑"③。

朱贻庭在《伦理学小词典》中所定义的正义包含两个方面的含义："一

---

① 董建萍：《社会主义与平等正义——社会主义初级阶段中国的社会公正问题》，国家行政学院出版社，2007。
② 彭柏林：《公益视域中的平等正义》，《伦理学研究》2009 年第 5 期。
③ 尚水利：《现代社会正义理论的困境与反思》，《理论导刊》2014 年第 7 期。

是指按同一原则或标准对待处于相同情况的人和事，亦即通常所说的一视同仁，包含着平等的意义；二指所得的与所付出的相称或相应，如贡献与报偿、功过与奖惩之间，相适应的就是公正，不相适应的就是不公，亦即所谓得所当得。"①

佩雷尔曼把古今流行的诸多正义概念归纳为6种："对每个人同样对待；对每个人根据优点对待；对每个人根据工作对待；对每个人根据需要对待；对每个人根据身份对待；对每个人根据法定权利对待并从中概括出一个形式主义的概念：正义就是同等待人。"②

三 关怀（爱）伦理学的基本观点：伦理即爱与关怀

伦理是一种爱，一种博爱——无私的、利他的、为他人着想的爱，不同于友谊、慈善和怜爱，"爱一个人就是接受一个人的存在"③。爱，包括亲情之爱、信任与友爱以及仁爱等。

仁爱思想一直是我国伦理思想中的主要内容，孔子最早赋予仁以"爱人"的含义，他认为智、仁、勇是君子应该具备的三种最重要的美德，"智者乐水，仁者乐山；智者动，仁者静；智者乐，仁者寿"。孔子曾以"恭、宽、信、敏、惠"五德来阐释仁，还曾以"刚、毅、木、讷"四德来论述仁。孟子也一直用爱来充实仁的内涵，不仅直呼"仁者爱人"，而且明确指出仁发端于同情、恻隐之心，是对他人的同情、怜悯和关爱之心。"孟子更进一步把仁的对象划分为亲、民和物三种类型和等级，进而使仁的内涵和程序呈现亲亲、仁民和爱物三个层次和阶段。"④ 我国张仲景将爱身与爱人并举，认为"爱不仅仅是爱己，更重要的是爱人，爱身知己是基础，爱人知人是升华。医者的使命不仅在于祛除疾患，更在于对人的虔敬与关怀"⑤。

20世纪80年代早期，美国哈佛大学吉利根教授通过对女性道德发展的

---

① 彭柏林：《公益视域中的平等正义》，《伦理学研究》2009年第5期。
② 张文显：《二十世纪西方法哲学思潮研究》，法律出版社，1996。
③ 〔美〕克劳福德·G.克利斯蒂安等：《媒介伦理：案例与道德推理》，孙有中等译，中国人民大学出版社，2014，第14页。
④ 魏义霞：《仁——在孔子与孟子之间》，《社会科学战线》2005年第2期。
⑤ 王超：《张仲景伦理思想发微》，《伦理学研究》2014年第3期。

经验研究，指出了一条不同的道德教育路线——关怀路线，"建立在责任和关系基础之上的关怀，成为道德发展的核心"①。吉利根提出了两个新观点：（1）关怀视角是一种不同的声音，与主流的公正视角不同。（2）"关怀视角反映了女性不同的道德推理形式"②。

男性和女性以不同的声音表达他们关于道德的思维——"男性根据平等的公正和权利，而女性则根据社会关心中人们的同情感"③。关怀教育的首倡者内尔·诺丁斯认为：道德发源于人类最基本的情感之一——关怀，即"一种不想伤害他（她）人并想要促进他（她）人福利的愿望与意念，主张爱有差等的道德建构模型"④。诺丁斯把关怀分为两种，自然关怀和伦理关怀，"诺丁斯特别重视道德情感在关怀中的作用"⑤。

关怀伦理学的核心词汇有照料、关怀、慈爱、移情、包容等，"主要是对处于不利地位的人或群体的一种关切和帮助"⑥。"关心是美德，一种个人品质……关心者确实需要一种美德来支持他的关心行动"⑦，但是，关怀伦理试图把整个伦理学建立在人与人之间的爱、关怀与相互关系之上，其实质上是一种强调伦理关系的伦理思想。

用"伦理"二字来指涉人类社会生活关系，首推中国的孟子和荀子。所谓"人伦"指人类社会生活当中，各种相待相倚的正当关系，每种辈分即是"人伦"，彼此间的对待都应遵守本分和一定的道理。在孟子看来，"有亲、有义、有别、有序、有信"就是人们在处理"五伦"关系中所应遵循的"理"，如："天地君亲师"为五天伦；又如：君臣、父子、兄弟、夫妻、朋友为五人伦，忠、孝、悌、忍、信为处理人伦的规则。此外，《弟子

---

① 〔美〕卡罗尔·吉利根：《不同的声音——心理学理论与妇女发展》，肖巍译，中央编译出版社，1999 年第 17 期。
② 赵勤、罗蔚：《浅析当代伦理学的新理论：关怀伦理》，《江西社会科学》2005 年第 8 期。
③ 〔美〕R. 默里·托马斯：《儿童发展理论——比较的视角》（第六版），郭本禹、王云强等译，上海教育出版社，2009，第 338 页。
④ 姜文：《公正伦理和关怀伦理对我国道德教育的启示》，《东岳论丛》2010 年第 8 期。
⑤ 梁德友：《伦理学视角下的弱势群体关怀问题探究》，《理论导刊》2012 年第 3 期。
⑥ 梁德友：《伦理学视角下的弱势群体关怀问题探究》，《理论导刊》2012 年第 3 期。
⑦ 〔美〕内尔·诺丁斯：《学会关心：教育的另一种模式》（第二版），于天龙译，教育科学出版社，2011，第 33 页。

规》中蕴含着丰富的儒家人际交往伦理思想，包括人际交往的情感前提、行为准则、价值追求、礼仪规范四个方面，"这些思想对当代儿童人际交往品质培养具有重要的启示"①。

一种"正义视角"强调普遍的道德原则和如何应用原则到特殊的事例，并且尊重关于它们的合理论证。一种"关怀视角"更注意人们的需要，即人们之间的实际关系怎样才能维持和修补，并且尊重道德判断"对所在境况的讲述和敏感性"②。正义解决的是不平等问题，而关怀解决的是分离问题，"正义与关怀的相互补充是人成熟的重要标志"③，正义保护平等和自由，而"关怀则培育社会凝聚力和协作"④。

四 儿童广告的伦理德目

1. 诚实与正直。"真实是哲学的品格与本性"⑤，伴随并引导我们去做体现诚实与正义的行为的那种内心状态，即诚实与正直。诚实指"诚实不欺或真实无妄"⑥。

2. 平等与正义。作为一个伦理学范畴，平等同公道、公正、正义等范畴有着相近的含义，含有从公正的角度出发平等地善待每一个与之相关的对象的意义。"人们在政治、经济、文化等方面享有同等的权利。"⑦

3. 爱与关怀。包括亲情之爱、信任与友爱以及仁爱等。仁爱也称为博爱，是一种普遍的积极的友爱感情。仁爱是一种内心的状态，是人自然具有的关心同类的感情。友爱与仁爱也就是我们一直谈论的心灵中两种根深蒂固的基本感情，它们共同组成了"良心"，伴随并引导我们去做诚实与正义的行为。关怀与被关怀是人类的基本需要。在人生的每一个阶段，我们都需要被他人关心，随时需要被理解、接受和认同。同样，我们也需要关

---

① 杜维超、蔡志良:《〈弟子规〉的儿童人际交往品质培养思想及其启示》,《河北师范大学学报》2010 年第 12 期。
② 〔美〕弗吉尼亚·赫尔德:《关怀伦理学》,苑莉均译,商务印书馆,2014,第 11 页。
③ 李桂梅、陈俐:《西方女性主义伦理学研究综述》,《伦理学研究》2012 年第 4 期。
④ 〔美〕弗吉尼亚·赫尔德:《关怀伦理学》,苑莉均译,商务印书馆,2014,第 11 页。
⑤ 马毅:《哲学的真实与人的生存》,《文化学刊》2008 年第 3 期。
⑥ 朱贻庭主编《伦理学大辞典》,上海辞书出版社,2011,第 310 页。
⑦ 朱贻庭主编《伦理学大辞典》,上海辞书出版社,2011,第 47 页。

心他人，人与人之间如果没有关心和被关心，人类就无法延续。关心，不仅是一种意向的精神状态，而且是一种实践活动。

第二节　儿童广告伦理之真实

综合以上对儿童观、教育观和伦理学的分析，结合当前国内外关于儿童广告伦理的研究现状的分析，本书提出儿童广告伦理的分析框架。在这一框架中，儿童观教育观和伦理学并不是割裂的，而恰好是融合的。正确的儿童观往往也正是对待儿童的伦理态度，儿童观中提倡的儿童与成人的权利平等，教育观中主张的教育应回归真实的儿童生活等就是最直接的证明。

美国联邦贸易委员会（FTC，广告的联邦监管机构）要求广告必须被证明是基于一个"合理"的事实，此外，广告不能省略"材料的事实"，这将导致广告误导。[①] 比如，在一个声称获得国际认证的产品广告中，必须提供确切的认证单位和材料证明。

自 20 世纪六七十年代开始，欺骗性广告的研究开始引起人们的关注，研究者将广告的虚假分为两类，一类属于操作性的定义，即广告的虚假源于广告中呈现的欺骗行为。Webster 认为广告的欺骗是"通过谎言的行为和虚假陈述误导消费者"[②]。另一类属于行为性的定义，即广告"是否具有欺骗性源于消费者对广告的认知"[③]。Aaker 定义广告的欺骗是因为购买行为：如果一个广告让有合理知识的消费者产生了不同于通常预期的印象和信念，而这种印象和信念是不真实或存在潜在的误导性，那么这样的广告就存在欺骗。在 Aaker 这个定义中，提出了三类欺骗：第一类，广告欺骗的谎言，即使商品是合格的话，广告中的说法也不是真的；第二类，事实不

---

① Ross D. Petty and J. Craig Andrews, "Covert Marketing Unmasked: A Legal and Regulatory Guide for Practices That Mask Marketing Messages", *American Marketing Association*, Vol. 27 (1) Spring 2008, pp. 7 – 18.

② Frederick E. Webster, Jr., *Social Aspects of Marketing*, *Englewood Cliffs*, NJ.: Prentice-Hall, 1974, p. 33.

③ David M. Gardner, "Deception in Advertising A Conceptual Approach", *Journal of Marketing*, Vol. 39 (January 1975), pp. 40 – 46.

符要求，产品的效果必须根据要求加以正确的理解和评价，广告中声称的好处，只是提供给消费者使用的产品一个特定的方式；第三类，声称信仰互动，即广告或广告活动与消费者互动，是"建立在一种由广告长期积累起来对产品或服务的欺骗性的信念或态度之上，是一种不作明示或默示的欺骗"①。

近半个世纪以来，广告的欺骗性和真实性被不断地讨论，研究的核心问题主要围绕一个广告应该提供的期望、普通消费者应该获得的规范的信念以及通过各种外在途径可以表现的事实，研究者越来越意识到探讨虚假广告的操作性定义的重要价值，并提出了丰富的研究成果。

海曼认为，欺骗被普遍定义为作为虚假或误导性的广告宣传，又可以区分为故意欺骗和撒谎不说。Ivan 将广告中的欺骗称为反事实（antifactual）的内容，既不提供真实的信息，也不提供误导的假信息。反事实的广告通过玩笑或者恶搞来暗示消费者，或者提供事实不明确的内容，例如"我们的面包是你买到的最好的"，而事实如何是需要消费者自己去评价的。又或者忽略真实的事实，把描述转移到消费者身上而不是产品上，例如"你值得休息一下"。Ivan 认为"可以将广告的反事实内容归为三大类：夸张的观点、明显的假事实以及不现实的生活方式"②。

Carla 的研究中将虚假的广告分为三种情况，第一种称为玩弄信任，比如通过"用户"推荐给潜在消费者虚假的"知识"或质量；第二种称为神奇成分，由用户或专家推荐产品的神奇成分从而达到广告产品知识输入的目的；第三种对学校、警察等进行政治攻击，宣称"人手不足，资金不足，医疗事故等，社会问题都可以通过信用好的广告产品和服务来解决"③。

很多研究者认为夸张是虚假广告的一种形式，它是指广告中所提倡的表达和信念事实上是不真实的，具有潜在的误导、错误或偏见。

---

① David M. Gardner，"Deception in Advertising A Conceptual Approach"，*Journal of Marketing*，Vol. 39（January 1975），pp. 40 – 46.

② Ivan L. Preston，"A Problem Ignored Dilution and Negation of Consumer Information by Antifactual Content"，*The Journal or Consumer Affairs*，2002（2）.

③ Carla C. J. M. Millar Chongju Choi，"Advertising and Knowledge Intermediaries：Managing then Ethical Challenges of Intangibles"，*Journal of Business Ethics* 48：267 – 277，2003.

Ivan 根据其夸张程度将广告从强到弱分为六级，最好表明最与事实不符，最具有暗示性，六级分别为："最好、最有可能、更好、特别好、好以及客观"①。

Ross 将广告中的"虚假陈述"定义为一种明示或暗示与事实相反的陈述，而将"误导性不作为"定义为"在有必要对可能产生误导的行为、说明、期望或信仰提供信息时，却不作为"②。

Michael 根据从无到有、从轻到重的程度，将误导性的广告分为四类。

"第一类是可接受的，即对广告中提出的说法提供充分的解释和理由。例如：广告中对回收的解释是指，35% 消费后的废塑料将被用于本产品的包装。

第二类广告是进行了勉强解释的，即对陈述的解释缺乏足够的、合理的信息。例如：广告中对循环的解释是指回收塑料。

第三类广告是没有解释，即广告表述中不包括能够评估其真实性的重要的信息。例如，回收仅仅在包装上说明，并没有具体说明究竟是产品的哪一部分可以回收。

第四类，毫无意义，即广告的表述包含一个词组或语句，因为太无厘头而没有明确的意义。例如，拯救我们的世界。"③

有些研究对广告中的虚假行为的程度或消费者对虚假广告的态度进行了研究和测量。

James 和 Steven 在 1974 年的研究中，通过被试的主观报告，获得了对以下因素的看法："（1）'评估'的因素，分为好坏、我喜欢它、有效、可信、有趣、相关、娱乐、信息几个维度；（2）'欺骗'的因素，包括欺诈、非法、欺骗性、误导等维度的认识；（3）夸大，考察吹捧程度的高低；（4）感性，即是

① Ivan L. Preston , "A Problem Ignored Dilution and Negation of Consumer Information by Antifactual Content", *The Journal or Consumer Affairs*, 2002 （2）.
② Ross D. Petty and J. Craig Andrews , "Covert Marketing Unmasked: A Legal and Regulatory Guide for Practices That Mask Marketing Messages", *American Marketing Association*, Vol. 27 （1）Spring 2008, pp. 7 – 18.
③ Michael Jay Polonsky, Judith Bailey, Helen Baker, Christopher Basche, Carl Jepson and Lenore NeathCommunicating, "Environmental Information: Are Marketing Claims on Packaging Misleading?", *Journal of Business Ethia* 17: 281 – 294, 1998.

否有情感；（5）模糊，是否存在模棱两可的情况。"①

Michael A. Kamins 在研究中认为，广告中的夸张可以通过观众的主诉进行评价，在语言上表现为"十分""最""极其"等，还添加了更丰富的描述定语，例如，"你相信在对……的描述中广告的真实性吗?""让被试从完全不信到完全相信打分"②。

Richard 就夸大广告对受众的影响进行了调查，在研究中将夸大广告又扩展到伪劣产品广告及对产品的过度评价，夸张的程度主要通过广告的语言来判断，从最严重到不严重依次是："最好 - 完美 - 溢价 - 未超出产品本身"③。

因此，本书对儿童广告中的真实性的评判，是通过对儿童广告中的不真实现象的判断得到的。

一　故意的欺骗

表现为在广告中提供虚假的质量描述和数据，通常还存在演员虚假表演。本书认为以下四种表现均为虚假的儿童广告。

1. 偷换概念：以异乎寻常的低价宣传某一物品，吸引消费者的注意力，然后宣称可以通过更多的附加产品提升产品的质量。

2. 片面描述：对产品的部分而非全部内容加以说明或说明广告产品的某些事实而省略其他信息，如"买一送一"中对送的"一"缺乏解释。

3. 虚假数据或证明：虚假数据是指产品的成分、奖项等是虚假的模糊的，或者没有提供任何解释性的证明，例如，30 项科学证明。虚假证明是指广告暗示产品被名人或权威认可，或某些人使用后效果好，或者暗示推荐人具备某种专业知识，而实际并非如此，如医药广告中穿白大褂的演员。

---

① James E. Haefner, Steven Eli Permut, "An Approach to the Evaluation of Deception in Television Advertising", *Journal of Advertising* 1974. 3 (4), 40 – 45.

② Michael A. Kamins, Lawrence J. Marks, "Advertising Puffery: The Impact of Using Two-Sided Claims on Product Attitude and Purchase Intention", *Journal of Advertising* Volume 16, Number 4, 1987.

③ Richard L Olive, "An Interpretation of Attitudinal and Behavior Effects of Puffery", *The Journal or Consumer Affairs*, 1979 (13).

4. 形象歪曲和虚假表现。运用摄影技术或电脑技术突出产品外观。

二　夸张的误导

表现为在广告语种出现"十分""最""极其""第一""首创"等描述定语，或者在表述产品质量时夸大产品的神奇功效，而所夸大的这些功效明显与产品性质不符，或是在实际中无法实现的功效。根据与事实的差别程度，夸张分为完全不可能、几乎不可能、有部分可能和客观四级。

三　情感的暗示

表现为在广告中通过情感的渲染或者品牌的口碑效应，把描述转移到消费者身上而不是产品上，激发消费者的情感需求，例如"你值得拥有更好的"。

四　不现实的生活方式

即通过广告展示的是不可能出现的生活方式或与生活事实不一致的生活方式。正如奥德嘉所说"生活便是我们做了什么事和在我们周遭的环境发生了一些什么事"[①]。广告"要源于又要融入儿童的生活……并指引儿童向着积极的进步的生活方向发展"[②]。

儿童广告应当回归儿童真实的生活，"儿童真实的生活应当是非成人化生活，应当是儿童熟悉的而非陌生的特殊生活，流畅的有序生活以及非呆板的模式化生活"[③]。

因此，研究者认为儿童广告中真实的生活方式有两层含义：其一，儿童广告中的生活方式是真实存在的，而不是虚构的、不可能发生的；其二，儿童广告中的生活方式是与儿童的年龄相适宜的，与儿童发展水平相一致的。本书从以下五个方面考察儿童广告在生活方式上的真实程度。

---

① 〔西〕奥德嘉·贾塞特：《生活与命运——奥德嘉·贾塞特讲演录》，陈昇、胡继伟译，广西人民出版社，第 33 页。
② 朱宁波：《象学视野中的回归儿童生活世界》，《教育科学》2006 年第 10 期。
③ 邓玉明、李国华：《"课程生活化"不要走入误区》，《中国教育学刊》2006 年第 3 期。

1. 场景的真实程度。儿童应当生活在熟悉的有序的场景中，例如家、学校、社区等，而不是虚幻的摄影棚或者外太空等不真实的情境。

2. 儿童行为的真实程度。儿童应当以游戏和学习为主要行为方式，儿童与成人间应当有亲密的互动（亲吻、拥抱等）；吃喝不应当成为儿童生活的焦点，舞台表演和各类比赛也不是儿童真实生活的写照；儿童广告中儿童表现出的明显的成人化倾向行为（如开会、驾驶），或者仅仅充当产品的展示者的行为更是完全不真实的表现。

3. 语言应当符合儿童的年龄和身份特征。成人化的、工具性的言语都不符合真实的儿童生活，例如儿童在广告中描述药品复杂的配方。

4. 儿童能力的真实程度。儿童的能力应符合儿童现有的发展水平，儿童广告中往往出现对儿童能力明显的抬高或贬低的情况，例如小学生进行10 以内的加法需要用手指比画，又如六七岁的孩子，在看到食品后完全不受控制地喊叫。

5. 儿童服饰的真实程度。儿童的服饰打扮往往最容易表现广告的真实程度，真实的儿童服饰应当是童装、校服或者尿不湿，而不是夸张的舞台表演服或成人服装，儿童在真实的生活中更加不应当是烫卷发、化浓妆的打扮。

第三节　儿童广告之平等

任何人，不论种族、性别、天分、智力和能力，都是构成社会的一分子，任何人都平等地享有社会赋予的权利，"每个人都同等地享有追求幸福的权利，每个人的尊严、价值都应同等地得到尊重"[1]，儿童也不例外。

儿童作为弱势群体，其平等权经常受到侵害，突出表现在对儿童的各种歧视，包括性别歧视、身份歧视、教育歧视、户籍歧视等，而且"当下学前教育在地区、城乡、阶层和性别间等的不平等现象凸显"[2]。为此国内外制定了多项法规来保障儿童平等权利的实现，并呼吁以儿童最大利益和利益优先，具体来说包括以下几方面的权利。

---

[1]　马永庆、肖霞：《社会公正的伦理解读》，《伦理学研究》2014 年第 1 期。

[2]　杨建国、王成文：《论教育平等与政府正义》，《中国行政管理》2011 年第 3 期。

1. 儿童享有平等的生命权与发展权。儿童应享受社会安全的各种利益，"应有能健康地成长和发展的权利"①，"缔约国应最大限度地确保儿童的生存与发展"②。

2. 儿童平等地享有社会公民的权利，任何儿童不受歧视。儿童应"享有本宣言中所列举的一切权利"③，"不因其本人的或家族的种族、肤色、性别、语言、宗教、政见或其他意见、国籍或社会成分、财产、出身或其他身份而受到差别对待或歧视，不应该受到一切形式的歧视或惩罚"④，"未成年人不分家庭财产状况等，依法平等地享有权利"⑤。

3. 儿童利益优先。涉及儿童的一切行为，均应以儿童的最大利益为首要考虑⑥，我们应该将促进儿童的全面发展"作为国家和全球的优先事项"⑦。

4. 给予处境不利儿童更多的照顾和支持。应该"给予残疾儿童和处境非常困难的儿童更多的关心、照顾和支持"⑧。

因此，本书对儿童广告中的平等正义的评判，是通过对儿童广告中是否存在不平等或歧视现象的判断得到的。

一　经济平等

广告中应当表现不同经济状况的儿童，他们享有平等的权利，而不应当在广告中突出展现富裕儿童的生活状况，更不应当以有钱人的生活作为诉求点。我们将国际上通行的衡量消费水平的恩格尔系数作为消费分层的划分依据，"恩格尔系数也被更广泛地应用于测量一个家庭的贫困或富裕程度"⑨。根据恩格尔系数可以将广告中表现出的经济水平分为五个等级：最富裕、富裕、小康、勉强度日以及绝对贫困。

---

① 《儿童权利宣言》。
② 《儿童权利公约》。
③ 《世界人权宣言》。
④ 《儿童权利公约》。
⑤ 《中华人民共和国未成年人保护法》。
⑥ 《儿童权利公约》。
⑦ 《关于儿童问题特别会议宣言》。
⑧ 《儿童生存保护和发展世界宣言》。
⑨ 胡荣华、夏德智、蒋明、张望：《南京城市居民中等收入界定及分析》，《南京社会科学》2006 年第 1 期。

二 城乡平等

广告中应当表现城乡儿童的生活面貌，展现城乡儿童的平等，而不应当在广告中突出展现城市儿童的生活状况，更不应当以城市生活为诉求点，以农村生活为反面对比。农村是"同城市相对应的区域，以从事农业生产为主的农业人口居住的地区，以农业产业（自然经济和第一产业）为主，具有特定的自然景观和社会经济条件，包括各种农场（包括畜牧和水产养殖场）、林场（林业生产区）、园艺和蔬菜生产等"①。

三 性别平等

性别平等在广告中的表现分为两种，第一种是量的差异，即广告中出现了同等数量的男女儿童；第二种是质的差异，儿童应当不论性别在儿童广告中展现同等的行为表现，同样的期望，而不是因为性别的差异，表现出明显的不平等的性别期望。

四 种族平等

儿童广告中不应有对儿童或成人的种族歧视。作为中国儿童广告，广告中的儿童应当以中国儿童为主，对于有外国儿童参与的广告，不应当存在国别或者肤色的差异，尤其不应当在儿童广告中表现外国儿童（特别是白种儿童）的优越性。

五 生理平等

儿童广告中的儿童无论残疾与否、胖瘦与否、高矮与否等，都应享有平等的权利，不应当因为儿童的一些体貌特征嘲笑他们。

六 关系平等

这里主要探讨的是儿童与成人关系中的平等，包含两种类型的不平等，

---

① http://baike.baidu.com/link?url=Vop7xX43ztghvLXQUAnWF8Ie3kVzycShB_EGp3K9oYq8izO Ytq0VmMd2E0r7alUj2iVR621x0u8QYa8rxP1hwq.

一是以成人为中心，儿童只是附属品，行为表现为对成人一味地服从，没有自己的想法和主动性；二是以儿童为"祖宗"，成人百般讨好儿童，奴颜婢膝，这两种表现都有违平等的原则。

第四节 儿童广告之关怀

国外关于儿童和关怀的研究很少，且集中于讨论医疗关怀和对贫困残疾儿童的照料，本书使用 EBSCOhost 数据库进行高级搜索，检索"caring&children/education"，仅搜索到期刊论文 4 篇。

"关怀"，是一种关系性品质，是关系中的一方做出自己力所能及的努力，合理满足另一方（他人或他物）的需要并得到其回应的过程。"我认为关心最重要的意义在于它的关系性，关心意味着一种关系，它最基本的表现形式是两个人之间的一种连接或接触。"[1]

诺丁斯提出了公式：（1）A 关心 B，关怀的行为表现。（2）B 发出与（1）相符的行为，也就是说只有当被关怀者对关怀行为有所回应，才能证明关怀真正发生了。（3）B 承认 A 关怀 B。关怀关系是"一种互惠伦理，既需要关怀者全身心地开放地、无条件地关注被关怀者，合理满足被关怀者的需要，也需要被关怀者认可和接受对方的关怀行为，并积极地做出回应"[2]。

由此可见，关怀的发生需要关怀者和被关怀者的主动互动才能实现，仅仅出现在同一个场景中或仅仅是单方面的行为并不能构成关怀。"在关心关系中，即使总有一方是关心者，另一方是被关心者，他们之间的相互作用仍然是至关重要的。"[3] "关怀者和被关怀者共同构成关怀关系。"[4] 诺丁斯还举例说明家长一味地为了带给孩子们即时快乐的行动，他们其实只是

---

① 〔美〕内尔·诺丁斯：《学会关心：教育的另一种模式》（第二版），于天龙译，教育科学出版社，2011，第 30 页。

② 陈思坤：《诺丁斯关怀伦理思想的人本价值》，《教育学术月刊》2010 年第 4 期。

③ 〔美〕内尔·诺丁斯：《学会关心：教育的另一种模式》（第二版），于天龙译，教育科学出版社，2011，第 32 页。

④ 〔美〕内尔·诺丁斯：《关心——伦理和道德教育的女性路径》（第二版），武云斐译，北京大学出版社，2014。

为了获得关心的声誉，并非真正地关心孩子。诺丁斯描述的这种现象却在儿童广告中比比皆是，例如家长为了讨好孩子不停地提供某食品。

在诺丁斯看来，关怀主要包括以下五个方面。

1. 关心自我：关心自我涉及对生命各个阶段的理解，健康管理应该成为关心的一个主题。

2. 关心身边的人：在亲子关系和师生关系中，孩子和学生应该"学会如何成为积极的被关心者"。然而在儿童广告中，"亲子关系和师生关系常常被异化，出现不负责任的父母、栽赃嫁祸的孩子、管教的教师与压抑的学生等非关怀性的关系"[①]。

3. 关心陌生人和远离自己的人：在更广阔的环境里学会关心偶尔遇到的人、陌生人以及外国人，在我们的社区、国家和国际上，都鼓励一种关心态度的形成。应该学会关心残疾人。

4. 关心动物、植物和地球：关心动植物首先要了解和学习动植物的习性，孩子们应该学会培育植物、保护植物生长的土地，关心环境，进行节制主义的教育，节制对大自然的索取。

5. 关心人类创造的物质世界，即关心各种物品与工具，珍惜所拥有的物品，而不是放纵自己的无知贪欲。

一 关怀关系

关怀关系的不同直接影响关怀过程中的行为的主动性，真正的关怀关系对儿童的发展是支持性的。

二 关怀者

即在儿童广告中发起关怀的主体，本书认为成人和儿童都应该成为主动关怀别人的主体。

三 被关怀者

即在儿童广告中被关怀的对象，根据诺丁斯的分类，本书将儿童广告中

---

① 何芳、马和民：《游走于叛逆与规训之间——电视广告中的儿童生活》，《当代教育科学》2007 年第 8 期。

的被关怀者分为自我、熟悉儿童、熟悉成人、陌生他人、动植物、物质环境六种。需要指出的是，儿童有权享受特别照料和帮助，应获得必要的保护和帮助，应当根据未成年人身心发展特点给予特殊、优先保护。

四　关怀行为

儿童广告应当表现相互关怀的行为，保护儿童不致受到任何形式的身心摧残、伤害或凌辱，不被忽视或照料不周，不受包括性侵犯在内的虐待或剥削。

五　被关怀者行为

关怀的完成必须要有被关怀者行为的发生，儿童广告中的被关怀者行为包括主动互动或被动回应（动作、语言、表情等）。

第三章　儿童广告伦理的变量与框架

第一节　儿童广告伦理的观测变量

一　儿童广告的基本情况变量

1. 播出频道：根据是否以儿童为专门的播出对象，分为少儿频道和非少儿频道。

2. 产品类型：根据《中国广告作品年鉴 2014》① 的分类，将儿童广告中的产品类型分为食品饮料类、文化教育类、服饰美容卫生用品类、药品类，以及家居、家电、汽车、通讯、金融类。

3. 广告类型：根据儿童广告的定义，将儿童广告类型分为儿童产品广告和非儿童产品广告（有儿童参与的）两类。

4. 儿童参与方式：根据儿童在广告中参与的程度，从深到浅依次分为三类：有画面有语言 – 有画面或语言 – 无画面无语言。

5. 成人参与方式：根据成人在广告中参与的程度，从深到浅依次分为三类：有画面有语言 – 有画面或语言 – 无画面无语言。

6. 儿童年龄：根据广告中儿童生理或行为特征，将儿童广告中的儿童年龄大致划分为 0~3 岁、3~6 岁、6~12 岁和混龄四类。

7. 儿童性别：根据儿童广告画面中儿童性别的情况，划分为男孩、女孩、男和女三类。

---

① 《中国广告作品年鉴 2014》目录共将广告分为 14 类，分别是：信息通讯及数码用品类、金融保险类、房地产类、汽车及关联品类、家电及家居用品类、食品类、饮料类、药品保健品类、服饰及关联品类、美容卫生用品类、旅游餐饮类、流通服务类、媒体文化教育类以及公益类。

8. 成人性别：根据儿童广告的画面和语言中成人性别的情况，划分为男、女、男和女三类。

二　儿童广告的伦理情况变量

本书中儿童广告的伦理特点通过四个潜变量来反映，这个潜变量分别是：真实、平等、关怀和成长，这四个潜变量分别通过以下的观测变量进行考察。

（一）真实

1. （广告）意图真实：根据广告中是否存在以下三种的欺骗情况，按照广告意图的真实与否，分为故意欺骗－夸张误导－情感暗示－真实四个等级。

（1）故意欺骗：表现为在广告中提供虚假的质量和数据，例如，偷换概念、片面描述、虚假证明或数据、形象歪曲和虚假表现等。根据广告中对产品的概念、数据等的解释程度，分为没有解释－无意义的解释－解释较多－解释充分（无故意欺骗）。

（2）夸张误导：对产品的功效表述中存在夸大的内容，表现为在广告语中出现"最""首创"等描述定语，或者夸大产品的神奇功效，而在实际中无法实现。根据夸张与事实的差别程度分为完全不可能－几乎不可能－有部分可能－客观（无夸张误导）。

（3）情感暗示：广告中并未出现上述两种类型的明显的描述，但是突出了产品与消费者的情感连接，引发消费者原本并不存在的情感和社会需求，例如"你值得更好的"，根据暗示的程度分为很明显－比较明显－基本没有－没有。

2. 场景真实：根据广告中发生的场景与儿童生活的真实程度，本书将广告场景的真实性按照从不真实到真实的次序，分为虚拟－摄影棚－非儿童生活化的场景（例如草原、办公室等）－儿童生活场景，例如，家庭、学校（幼儿园）、公园马路等。

3. （儿童）行为真实：根据广告中儿童行为与儿童年龄的匹配程度，从不真实到真实分为四个层次，分别为：产品展示者－成人化行为（如开会、驾驶）－吃喝、舞台表演和各类比赛－游戏、学习和亲密的互动（亲吻、拥抱等）。

4.（儿童）语言真实：根据广告中儿童语言与儿童年龄的匹配程度，按照从不真实到真实分为四个层次，分别为：工具性的言语（产品描述）－成人化语言－夸张的语气－儿童的语言。

5.（儿童）能力真实：根据广告中儿童能力与儿童应具备的能力被抬高或贬低的程度，分为四个层次：很明显的抬高或贬低－比较明显的抬高或贬低－比较一致－完全真实。

6.（儿童）服饰真实：根据广告中儿童服饰与儿童年龄的匹配程度，从不真实到真实分为四个层次，分别为：成人化的妆容和服饰－成人化服装－夸张的舞台表演服－童装。

（二）平等

1. 经济平等。根据儿童广告中所呈现的物质状况，来考察儿童广告中是否平等地表现出不同经济水平的儿童，是否存在宣扬有钱人的观念或贬低穷人的现象，从而判断广告中的经济不平等的等级：奢华上流的生活－较富裕的生活－普通经济水平的生活－有较贫困人群的生活。

2. 城乡平等。根据儿童广告中展现的城乡状况，来考察儿童广告中是否表现城乡不同的生活风貌，传达了城乡平等的理念，是否存在宣扬城市生活的优越性，贬低或忽略农村生活的情况，从而判断广告的城乡平等的等级：夸赞城市且贬低农村－城市特征较明显－城市特征比较不明显－城市农村均有正面的表现。

3. 性别平等。根据儿童广告中男童女童（成人）的数量和行为表现的差异，来考察儿童广告中是否存在男女比例的不平等，是否存在因为性别而出现的明显差异，且这种差异带有明显的性别歧视的性质（如在某食品广告中，男孩的行为是跳跃运动，女孩一直很馋地不停地在吃），从而判断广告中的性别不平等的等级：十分严重－比较严重－不太严重－完全没有。

4. 种族平等。根据儿童广告中展现的儿童的状况，来考察儿童广告中是否存在因国别或肤色不同而表现的差异，是否存在通过白种儿童来凸显产品优越的现象等，从而判断广告中的国别不平等的等级：中国产品只有白种儿童出现 – 中外儿童的表现有显著差异 – 仅有中国儿童 – 各种族儿童表现相同。

5. 生理平等。根据儿童广告中展现出的，对不同生理状况的儿童的态度和表现的状况，来考察儿童广告中是否存在因儿童的体型（高矮胖瘦）、生理发育水平以及残疾与否，而表现出不同的态度，是否存在因体貌特征原因嘲笑儿童的现象。从而判断广告中的生理不平等的等级：十分严重 – 比较严重 – 不太严重 – 完全没有。

6. 关系平等。根据儿童广告中展现出的儿童与成人的地位关系，来考察儿童广告中是否存在将儿童当作成人的附属品，语言行为都听从或照搬成人的现象，是否存在以儿童为"祖宗"，成人奴颜婢膝讨好儿童的情况，从而判断广告中的生理不平等的等级：十分严重 – 比较严重 – 不太严重 – 完全没有。

（三）关怀

1. 关怀关系。本书中根据主体间的关系，将关怀关系分为亲子关系、师生关系、同伴关系及其他关系四种，真正的关怀关系应当表现出关系双方的互动。根据儿童广告中表现出的关怀关系的程度，将关怀关系分为四个等级：明显的非关怀关系（如虐待） – 不明显的非关怀关系 – 较明显的关怀关系 – 明显的关怀关系。

2. 关怀者。根据考察在儿童广告中发起关怀的主体，考察成人和儿童在儿童广告中是否都担任了关怀者的角色，从而判断广告中的关怀者的存在情况的等级：没有 – 很少 – 很多 – 全是。

3. 被关怀者。根据考察在儿童广告中发起关怀的主体，考察自我、熟悉儿童、熟悉成人、陌生他人、动植物和物质环境六种对象在儿童广告中是否都担任了被关怀者的角色，从而判断广告中的被关怀者的存在情况的等级：没有 – 很少 – 很多 – 全是。

4. 关怀行为。根据儿童广告中关怀者的行为类型和程度，考察儿童广告中是否存在关心的行为，如：照料、互助分享、教育等，或者存在违背关怀的行为，如打骂、欺负、破坏等，又或者广告中的主客体间是互相漠视的，从而判断广告中的关怀行为存在情况的等级：不关怀行为（打骂欺负）－比较不关怀行为（破坏环境）－较关怀行为（教育游戏等）－很关怀行为（照料互助等）。

5. 被关怀者行为。根据儿童广告中被关怀者的行为类型和程度，考察儿童广告中被关怀者对关怀者的行为是主动地回应，还是被动地接受，甚至是没有回应或者抵触，从而判断广告中的被关怀行为存在的类型：抵触－无反应－被动回应－主动互动。

（四）成长

1. 儿童本位。根据儿童广告中儿童内在发展需要的满足的程度，考察儿童广告中是否秉持儿童本位的思想，是否尊重儿童的主见和需要，是否以儿童的发展而不是成人的满足为目的等，从而判断广告中的儿童本位情况的等级：不满足－不合理满足－比较合理满足－合理满足。

2. 个体差异。根据儿童广告中儿童行为表现的一致性程度和成人对儿童期待的一致性程度，考察儿童广告中是否体现了儿童的个体差异，是否给予儿童多种的表达方式，从而判断广告中的尊重儿童个体差异的情况等级：没有－很少－很多－全是。

3. 主动学习。根据儿童广告中儿童学习的空间和行为模式等，考察儿童的学习是主动探究的还是被动填鸭的，是否存在小学化的行为和教育理念，例如，物理空间位置的小学化、集体授课或者强调知识的灌输、过早的识字等。

4. 游戏活动。根据儿童广告中儿童的学习和生活的方式，考察游戏是不是儿童主要的存在方式，从而判断儿童广告中儿童学习生活方式的游戏化程度：没有－很少－很多－全是。

5. 文化氛围。根据儿童广告中出现的社会文化氛围的优良程度，考察儿童广告中是否存在攀比和煽动性的宣传，是否存在暴力场面，又或者是否存在色情和送礼等其他不良的风气，从而判断广告中的不良风气存在情况的等级：全是－多种－很少－没有。

6. 全面发展。根据儿童广告中是否提出要促进儿童全面发展，或者广告中表现的儿童发展目标的全面情况，将儿童广告中是否促进儿童全面发展的情况分为：完全没有 - 个别 - 多种 - 全面。

（1）健康领域发展。根据儿童广告中表现和提倡的有关儿童健康发展的目标，考察儿童广告中是否提及以下内容：促进儿童身体发育，促进儿童智力发育，养成良好的生活习惯，获得愉快的情绪，广告内容是否安全，例如是否存在产品本身的危险性、成人对儿童做出的危险动作或存在儿童危险地使用商品等，从而判断广告中关于健康发展目标的存在情况的等级：没有 - 很少 - 很多 - 全是。

（2）社会领域发展。根据儿童广告中表现和提倡的有关儿童社会性发展的目标，考察儿童广告中是否提及以下内容：乐意与人交往，萌发幼儿五爱的情感以及形成自信自尊、勇敢进取、勤劳节俭、有礼貌等优秀品质，从而判断广告中的关于社会性发展目标的存在情况的等级：没有 - 很少 - 很多 - 全是。

（3）科学领域发展。根据儿童广告中表现和提倡的有关儿童科学领域发展的目标，考察儿童广告中是否包含培养儿童的好奇心、想象力、创造力的内容，从而判断广告中的关于儿童科学领域发展目标的存在情况的等级：没有 - 很少 - 很多 - 全是。

（4）艺术领域发展。根据儿童广告中表现和提倡的有关儿童艺术领域发展的目标，考察儿童广告中是否有关于萌发对美的感受和体验，学会用心灵去感受和发现美，并用自己的方式去表现和创造美等，从而判断广告中的关于儿童艺术领域发展目标的存在情况的等级：没有 - 很少 - 很多 - 全是。

（5）用语规范。根据儿童广告中广告用语规范的情况，考察儿童广告中是否存在使用双关语、谐音或使用外文的情况，从而判断广告用语规范的存在情况的等级：多种不规范的表现 - 不规范的表现明显但是不多 - 不明显 - 完全规范。

第二节　儿童广告伦理的研究框架

本书采用了整群取样的方法，于 2014 年 9 月和 2015 年 3 月，分两次录制了8个电视台的全天电视节目，剪辑出其中所有的儿童广告，共获得儿童广告样本212个。

8个电视台的选取分为以下两部分。

第一，根据《2014中国电视收视年鉴》中的排序，选择了以下5个电视台，需要说明的是，2011年至2013年，"中国教育电视频道在4～14岁人群中的市场占有率均没有超过0.5%"①，因此本书没有收集中国教育电视频道的儿童广告样本。

这5家电视台分别是："中央电视台综合频道（市场份额5.6%）、湖南卫视（市场份额4.1%）、江苏卫视（市场份额2.7%）、中央电视台少儿频道（市场份额2.6%）、浙江卫视（市场份额2.1%）。"②

第二，本书搜集了3个少儿频道的儿童广告，分别是：湖南少儿频道（金鹰卡通）、江苏少儿频道（优漫卡通）、北京少儿频道（卡酷少儿）。选择这3个频道的原因主要有两点：（1）根据方便抽样的原则，这3个少儿频道是目前江苏地区可以收看到的所有省级少儿频道；（2）根据我国少儿频道广告投放的特点，所有少儿频道的投放均属于同一家传媒公司（优扬传媒），全国广告制作和播出水平差异不大。

本书以广告的两大要素作为研究对象，即儿童广告的画面和儿童广告的语言，没有将儿童广告的音响（包括音效和音乐旋律）作为研究对象。

一 评分者信度

研究者随机抽取了21个儿童广告进行评分者信度测量。2位评分者对21个广告的46个项目（基本情况和伦理情况，打分表见附录一），共966个项目进行独立打分，由于本书"采用等级评定的方式进行评分，因此选用Spearman相关系数法进行相关者信度衡量"③。

本书评分者信度测量的结果是，2位评分者评分的Spearman相关系数

---

① 陈若愚编《2014中国电视收视年鉴》，中国传媒大学出版社，2014，第306页。
② 陈若愚编《2014中国电视收视年鉴》，中国传媒大学出版社，2014，第308页。
③ 何佳、何惧、席雁、徐超：《评分者信度的分析方法简介及比较》，《医学教育》2007年第6期。

为 0.832[**]（见表 3 - 1），说明本书项目可靠性较高，符合研究要求。

表 3 - 1　评分者信度

相关系数			评分者 1	评分者 2
Spearman 的 rho	评分者 1	相关系数	1.000	.832[**]
		Sig.（双侧）	.	.000
		N	966	966
	评分者 2	相关系数	.832[**]	1.000
		Sig.（双侧）	.000	.
		N	966	966

[**]. 在置信度（双测）为 0.01 时，相关性是显著的。

二　儿童广告伦理的分析框架（见表 3 -2）

表 3 - 2　儿童广告伦理的分析框架

分析内容		伦理问题严重的等级 最不伦理→最伦理					具体表现
		1	2	3	4	5	
真实	T1 本则广告的意图真实是真实的	故意欺骗	夸张误导	不确定	情感暗示	真实	
	T1－1 本则广告中对产品的描述不存在虚假的故意欺骗（1. 偷换概念；2. 片面描述；3. 虚假证明或数据；4. 形象歪曲和虚假表现）	没有解释	无意义的解释	不确定	部分解释	解释充分	
	T1－2 本则广告中对产品功效的描述不存在夸张的误导	完全不可能	较不可能	不确定	有部分可能	客观	
	T1－3 本则广告中对产品的描述不存在情感性暗示	很明显	较明显	不确定	基本没有	没有	
	T2 本则广告中发生的场景真实	虚拟	摄影棚	不确定	儿童非生活化的场景	儿童生活场景	

续表

	分析内容	伦理问题严重的等级 最不伦理→最伦理					具体表现
		1	2	3	4	5	
真实	T3 本则广告中儿童的行为与真实年龄是一致的	产品展示者	成人化行为	不确定	吃喝、表演、比赛	游戏、学习和亲密互动	
	T4 本则广告中儿童的语言与真实年龄是一致的	工具性的言语	成人化语言	不确定	夸张语气	儿童的语言	
	T5 本则广告中儿童的能力与真实年龄是一致的	完全不一致	比较不一致	不确定	基本一致	完全一致	
	T6 本则广告中儿童的服饰与真实生活是一致的	虚拟	成人化服饰	不确定	表演服	童装	
平等	F1 该广告中没有表现对不同经济水平的歧视	奢华上流生活	富裕	不确定	小康	各种经济水平均有	
	F2 该广告中表现了城乡间的平等	夸赞城市且贬低农村	明显的城市特征	不确定	不明显的城市特征	城市农村都正面表现	
	F3 该广告中男女童的行为不存在歧视性差异	行为类型差异显著	出现频繁	不确定	基本一致	完全一致	
	F4 该广告中男女成人的行为不存在歧视性差异	行为类型差异显著	出现频繁	不确定	基本一致	完全一致	
	F5 该广告中不同种族的儿童是平等的	中国产品只有白（黑）种儿童	各种族儿童表现有显著差别	不确定	中国儿童	各种族儿童表现相同	
	F6 该广告中不存在对儿童生理特征的歧视	十分严重	比较严重	不确定	不太严重	完全没有	
	F7 该广告中不存在儿童与成人关系不平等的情况（1. 附属于成人；2. 视儿童为祖宗）	十分严重	比较严重	不确定	不太严重	完全没有	
关怀	C1 该广告中的关系是关怀关系（1. 人－人；2. 人－物；3. 人－己）	明显的非关怀关系	不明显的非关怀关系	不确定	较明显的关怀关系	全是明显的关怀关系	
	C2 该广告中的成人是关怀者	完全没有	较少	不确定	较多	全部都是	
	C3 该广告中的儿童是关怀者	完全没有	较少	不确定	较多	全部都是	
	C4 该广告中的儿童是被关怀者	完全没有	较少	不确定	较多	全部都是	

续表

分析内容	伦理问题严重的等级					具体表现
	最不伦理→最伦理					
	1	2	3	4	5	
C5 该广告中自我是被关怀对象	完全没有	较少	不确定	较多	全部都是	
C6 该广告中熟悉他人是被关怀者	完全没有	较少	不确定	较多	全部都是	
C7 该广告中陌生他人是被关怀者	完全没有	较少	不确定	较多	全部都是	
关怀 C8 该广告中动植物或环境是被关怀者	完全没有	较少	不确定	较多	全部都是	
C9 该广告中的行为是关心的行为（照顾、分享等），没有非关心行为（打骂、欺负、破坏等）	很多的非关心行为	较多的非关心行为	不确定	较关心	很关心	
C10 该广告中被关怀者的回应是主动互动的	抵触	不回应	不确定	被动回应	主动互动	
G1 该广告中满足了儿童内在发展的需要，尊重儿童的意愿	不满足	满足不合理的需要	不确定	比较满足合理的需要	满足合理的需要	
G2 该广告中表现了儿童的个体差异，让儿童用多种方式表达自己（1. 艺术的；2. 语言的；3. 动作的）	完全没有	较少	不确定	较多	全部都是	
成长 G3 该广告中儿童的学习过程是主动探究的，没有机械灌输、强迫学习等小学化现象	完全被动	比较被动	不确定	较主动	很主动地探究	
G4 该广告中儿童主要活动方式是游戏	完全没有	较少	不确定	较多	全部都是	
G5 该广告中的文化氛围良好，没有攀比和煽动儿童过度消费，没有暴力、色情和送礼的情况	很多种不良文化	较多种不良文化	不确定	基本没有不良文化	完全没有	
G6 该广告中儿童的发展目标是全面的	完全没有	个别	不确定	较全面	全面	

续表

| 分析内容 | 伦理问题严重的等级 最不伦理→最伦理 | | | | | 具体表现 |
	1	2	3	4	5	
G6-1 该广告中儿童发展的目标包括促进儿童健康领域的发展	完全没有	比较不明显	不确定	较明显	多种	
G6-1-1 该广告中儿童发展的目标是促进儿童身体发育	完全没有	很少	不确定	较多	营养均衡发展	
G6-1-2 该广告中儿童发展的目标是促进儿童智力发育	完全没有	不明显	不确定	较明显	全部都是	
G6-1-3 该广告中儿童发展的目标是培养儿童良好的习惯和情绪	完全没有	不明显	不确定	较明显	全部都是	
G6-1-4 该广告中的行为是安全的（1. 成人对儿童做出的危险动作；2. 儿童自身行为的危险）	完全没有	比较不明显	不确定	较明显	多种	
G6-2 该广告中儿童发展的目标包括促进儿童社会领域的发展	完全没有	不明显	不确定	较明显	全部都是	
G6-2-1 该广告中儿童发展的目标是促进儿童与人交往	完全没有	很少	不确定	家人交往	多种关系	
G6-2-2 该广告中儿童发展的目标是促进儿童形成优秀品质（1. 勇敢进取；2. 勤劳节俭；3. 有礼貌）	完全没有	比较不明显	不确定	较明显	多种	
G6-3 该广告中儿童发展的目标包括促进儿童科学领域的发展（如好奇心、想象力、创造力、观察法等）	完全没有	比较不明显	不确定	较明显	多种	
G6-4 该广告中儿童发展的目标包括促进儿童艺术领域的发展	完全没有	比较不明显	不确定	较明显	多种	
G6-5 该广告的用语符合规范（1. 双关语；2. 谐音；3. 外文）	很多不规范的表现	较多	不确定	基本规范	完全规范	

（成长）

第四章　儿童广告的伦理现状

为了考察描述性中频率统计的结果是否具有统计学的意义，本书首先进行了单样本非参数检验，经检验，所有变量内部各选项间的差异均为显著性差异（P＜0.05）。

第一节　儿童广告基本情况的描述性统计结果

一　基本情况的频率分析

1. 播出频道

本次研究采取整群取样的方法，抽取了8个电视频道在2014年9月和2015年3月的所有儿童广告，共212个，其中非少儿频道的儿童广告为89个，占42%，少儿频道的儿童广告为123个，占58%。

2. 广告类型

本次研究收集到的儿童广告中，儿童产品广告为148个，占69.8%，非儿童产品广告（儿童参与）的为64个，占30.2%。由此可见，儿童在非儿童产品广告中的参与度较高。

少儿频道中儿童产品广告的数量很多，但本书作者认为，少儿频道中儿童产品广告如此之多，并非一个好的现象，如果少儿频道的出现是为了锁定儿童成为直接的、特定的消费群体，那么可以毫不夸张地说，少儿频道帮助广告人省去了产品定位的过程。高强度、大剂量的儿童产品广告必然会刺激儿童的购买欲望，从而对家长提出购买要求，这可能是少儿频道在儿童广告伦理上不该有的"技术缺陷"。

3. 儿童广告产品类型

经统计（见图4-1），在所有的儿童广告中，有超过4成的广告是关于食品和饮料的广告（43.9%），这似乎说明通过儿童广告，我们正在塑造贪婪的、好吃的儿童。

儿童服饰卫生用品和药品类的广告也较多，占到所有广告的23.6%，其中7成为儿童服饰广告；药品类的广告虽然数量不多，但其中大部分的药品不是儿童的药。

有关文化教育类的广告不足2成，主要是各类学习机、启蒙教材和艺术培训班的广告，这类儿童广告全部属于儿童产品的广告。

此外，还有14.6%的儿童广告是关于汽车、金融、电器、家居等类型的，这类的广告超过8成都是非儿童产品广告。

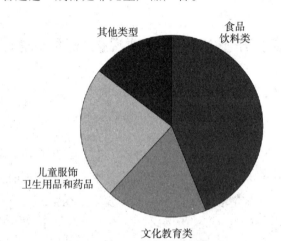

图4-1 儿童广告产品类型

4. 儿童参与广，成人参与深

在儿童广告中，儿童和成人的参与程度分成3种，即有画面有语言、有画面或语言和无画面无语言。我们可以从下表中的数据看到，儿童总的参与量要比成人多，仅有2个儿童产品广告中没有出现儿童的影音；但是作为儿童广告，儿童参与的深度并不如成人深，有画面有语言的儿童比例比成人少了5.2个百分点，有相当多的一部分儿童在广告中是没有语言的，因此我们可以推断，儿童在儿童广告中的存在很多时候只是一个"摆设"和背景，象征和谐的家庭和社会生活方式（见表4-1）。

表 4 - 1　儿童参与与成人参与

		儿童形象存在		成人形象存在	
		频率	百分比	频率	百分比
有效	有画面有语言	127	59.9	138	65.1
	有画面或语言	80	37.7	38	17.9
	无画面无语言	5	2.4	36	17.0
	合计	212	100.0	212	100.0

5. 广告中儿童的年龄以幼儿为主

本次研究的广告中的儿童，从婴儿到少年都有，具体的年龄分布情况是，0～3岁占10.4%，3～6岁占55.7%，6～12岁占24.5%，混龄的占6.3%，缺失3.1%。

我们可以很清楚地看到，幼儿是儿童广告的"主角"，原因可能有两个方面，其一，幼儿有一定的表现力，同时稚气未脱，容易打动电视机前的消费者；其二，幼儿是儿童广告的主要消费对象。

6. 性别存在量上的差异

儿童的性别确认是通过画面进行的，没有画面或无法判断画面中儿童性别的情况，没有纳入统计中；成人的性别是通过画面和声音确认的，没有画面和声音的情况，没有纳入统计中。

从表4-2的统计中，可以看出儿童的性别与成人的性别在选项上有明显的差异：第一，男童的数量远远多于女童，男童在儿童广告中总体更受到青睐，这在某种程度上也验证了儿童广告中，儿童性别存在数量上的歧

表 4 - 2　儿童性别与成人性别

		儿童性别		成人性别	
		频率	百分比	频率	百分比
有效	男	71	36.6	36	20.5
	女	40	20.6	58	33.0
	男和女	83	42.8	82	46.5
	合计	194	100.0	176	100.0

视；第二，儿童和成人多是男女共同出现的；第三，在男或女单独出现的情况中，女性明显多于男性，妈妈、老师的角色陪伴在儿童左右，似乎女性在儿童广告中更受到重视，但是这种"重视"仅仅是数量上的，在具体的行为中，男女成人间存在严重的歧视性差异。

二 儿童广告基本情况的差异性检验

（一）不同播出频道的差异性检验

1. 播出频道与儿童广告基本情况变量间的差异性检验

不同的频道中，成人参与（$\chi^2 = 29.018$，df $= 2$，P < 0.01）、儿童年龄（$\chi^2 = 18.567$，df $= 3$，P < 0.01）、儿童性别（$\chi^2 = 20.963$，df $= 2$，P < 0.01）的情况存在显著性差异；不同的频道中成人性别的情况不存在显著性差异（P > 0.05）（见表 4-3）。

表 4-3　播出频道与基本情况交叉

单位：个

		播出频道	
		少儿频道	非少儿频道
成人参与 P < 0.01	无画面无语言	32	4
	有画面或语言	29	9
	有画面有语言	62	76
儿童年龄 P < 0.01	0~3 岁	10	12
	3~6 岁	55	61
	6~12 岁	41	11
	混龄	10	3
儿童性别 P < 0.01	男	32	39
	女	16	24
	男和女	63	30

2. 广告类型与儿童广告基本情况变量间的差异性检验

不同的广告类型中，成人参与（$\chi^2 = 26.516$，df $= 2$，P < 0.01）的情况存在显著性差异。

不同的广告类型中，儿童年龄（$\chi^2 = 25.179$，$df = 3$，$P < 0.01$）的情况存在显著性差异。

不同的广告类型中，儿童性别（$\chi^2 = 17.737$，$df = 2$，$P < 0.01$）的情况存在显著性差异。

不同的广告类型中，成人性别（$\chi^2 = 17.737$，$df = 2$，$P < 0.01$）的情况存在显著性差异（见表 4 - 4）。

表 4 - 4 广告类型与基本情况交叉

单位：个

		广告类型	
		儿童产品	非儿童产品
成人参与 P < 0.01	无画面无语言	34	2
	有画面或语言	34	4
	有画面有语言	80	58
儿童年龄 P < 0.01	0 ~ 3	19	3
	3 ~ 6	65	53
	6 ~ 12	47	5
	混龄	4	3
儿童性别 P < 0.01	男	40	31
	女	22	18
	男和女	70	13
成人性别 P < 0.01	男	30	6
	女	43	15
	男和女	41	41

3. 不同产品类型与儿童广告基本情况变量间的差异性检验

（1）不同的广告类型中，儿童性别（$\chi^2 = 18.637$，$df = 2$，$P < 0.01$）的情况存在显著性差异。

不同的广告类型中，成人性别（$\chi^2 = 27.126$，$df = 2$，$P < 0.01$）的情况存在显著性差异（见表 4 - 5）。

（2）不同的广告类型中，成人参与的方式不存在显著性差异（$P > 0.05$）。

表 4 – 5 产品类型与基本情况交叉

单位：个

		产品类型			
		食品饮料	服装卫生药品	文化教育	其他
儿童性别 P < 0.01	男	24	14	15	18
	女	19	7	8	6
	男和女	48	12	20	3
成人性别 P < 0.01	男	13	15	5	3
	女	21	9	21	7
	男和女	3	7	19	29

第二节　儿童广告伦理情况的描述性统计结果

一　伦理各观测变量的均值分析

（一）各观测变量均值差异大

由于均值反映了各变量在伦理水平上的高低，因此，我们可以粗略地通过各观测变量的均值来判断 43 个项目的伦理情况的好坏（见表 4 – 6）。

表 4 – 6 伦理变量均值

	均值
生理平等	4.71
服饰真实	4.50
情节安全	4.40
关系平等	4.37
关怀行为	4.01
关怀关系	3.96
性别平等—儿童行为	3.95
用语规范	3.90
种族不歧视	3.87
能力真实	3.85

续表

	均值
被关怀行为	3.81
行为真实	3.63
性别平等二成人行为	3.54
夸张误导	3.41
儿童是被关怀者	3.26
被关怀者二熟悉	3.25
情感暗示	3.24
城乡平等	3.24
场景真实	3.19
文化氛围	3.17
主动学习	3.10
关怀者一成人	3.08
儿童本位	3.08
经济不歧视	3.06
语言真实	2.90
游戏活动	2.88
故意欺骗	2.72
社会发展	2.66
社会发展一人际交往	2.53
关怀者二儿童	2.47
健康成长一身体发展	2.30
促进儿童全面发展	2.30
健康成长	2.21
意图真实	2.02
被关怀者一自我	1.88
科学发展	1.67
健康成长二智力发展	1.55
社会发展二品质	1.52
个体差异	1.47
艺术发展	1.40

	均值
被关怀者三陌生	1.34
健康成长三习惯情绪	1.27
被关怀者四环境	1.21

1. 从均值来看，生理平等的分最高，为 4.71，已经接近 5 分了，说明儿童广告中几乎不存在因为儿童的生理缺陷而产生的歧视；被关怀者四环境的伦理水平最低，仅为 1.21 分，说明儿童广告中几乎不存在关心环境、提倡环保的情况。

2. 从均值来看，儿童广告中以下情况的伦理水平较高。

第一，儿童广告中的情节比较安全；第二，儿童广告中儿童的服饰接近真实生活，与儿童的年龄基本是一致的；第三，儿童广告中的成人与儿童的关系是比较平等的，以往研究中被大量批判的、儿童附属于成人或成人视儿童为"小祖宗"的现象在本次调查中较少，这也许是儿童广告的伦理情况近年来的进步；第四，儿童广告中存在很多关怀行为，儿童和成人都有关怀行为的发生。

3. 从均值来看，儿童广告中的以下情况伦理问题很严重。

第一，被关怀者中，关怀自我和陌生人的伦理水平都很低，说明儿童广告关怀行为对象的范围还是相对比较窄的；第二，健康成长中智力和情绪习惯的伦理水平也很低，说明智力发展已经不再是儿童广告中宣扬的重点，同时情绪习惯的培养并未引起广告人的关注；第三，社会领域中品质发展的伦理水平较低，说明儿童广告中更多地展现了社会领域中的行为，而对于品质的发展很少表现；第四，儿童广告中的科学领域发展和艺术领域发展的整体伦理水平都很低，这两大领域的发展在儿童广告中存在严重的缺失；第五，个体差异的伦理水平很低，儿童广告中更多地强调一致性，鼓励儿童展现个性的广告极少。

由此，我们可以发现，较高伦理水平的 5 个变量，分别属于 4 个潜变量；较低伦理水平的 9 个伦理变量，集中在 2 个潜变量上，即关怀和成长，其中全面发展的问题最严重。

（二）各潜变量均值差异大

各潜变量的均值见表4-7。由此我们可以粗略地推断出，在儿童广告伦理的4个潜变量中，它们的伦理水平从高到低依次为：平等→真实→关怀→成长。总的来说，在儿童广告中，伦理学的变量要比儿童观和教育学变量的伦理水平高一些，这也反映出儿童广告仅作为营销手段受到广电部门的约束，但是没有成为教育的手段，同时儿童广告人没有较高的儿童观和教育观的素养。

表4-7　各伦理变量均值

真实：均值3.27

	均值		均值
服饰真实	4.50	场景真实	3.19
能力真实	3.85	语言真实	2.90
行为真实	3.63	故意欺骗	2.72
夸张误导	3.41	意图真实	2.02
情感暗示	3.24		

平等（无歧视）：均值3.82

	均值		均值
生理平等	4.71	性别平等二成人行为	3.54
关系平等	4.37	城乡平等	3.24
性别平等—儿童行为	3.95	经济不歧视	3.06
种族不歧视	3.87		

关怀（仁爱）：2.82

	均值		均值
关怀行为	4.01	关怀者一成人	3.08
关怀关系	3.96	关怀者二儿童	2.47
被关怀行为	3.81	被关怀者一自我	1.88
儿童是被关怀者	3.26	被关怀者三陌生	1.34
被关怀者二熟悉	3.25	被关怀者四环境	1.21

成长：均值 2.43

	均值		均值
文化氛围	3.17	健康成长一身体发展	2.30
主动学习	3.10	促进儿童全面发展	2.30
儿童本位	3.08	健康成长	2.21
游戏活动	2.88	科学发展	1.67
个体差异	1.47	健康成长二智力发展	1.55
情节安全	4.40	社会发展二品质	1.52
用语规范	3.90	艺术发展	1.40
社会发展	2.66	健康成长三习惯情绪	1.27
社会发展一人际交往	2.53		

二　伦理变量的描述性统计

（一）真实

1. 儿童广告意图很不真实

就本次研究结果来看，儿童广告中或多或少，或深或浅地几乎都有不真实的意图（95.3%），其中有超过半数的广告（55.7%）表现出严重的欺骗性，还有很多广告同时表现出欺骗、夸张和情感暗示等不真实的广告意图，具体情况如下。

（1）故意欺骗。

根据儿童广告中故意欺骗的程度和方式，我们统计发现儿童广告中有27.4%的广告不止一种欺骗方式。在所有欺骗方式中，虚假数据和证明的广告最多（53.4%），形象歪曲和虚假表现的广告也较多（45.7%），偷换概念和片面描述的广告也各有近1/4。

偷换概念的广告主要是利用儿童和家长对某些概念的模糊认识来混淆视听。例如，某儿童牙膏据称是食品级牙膏，企图以此证明牙膏的安全性，此处是想用"食品级"这个模棱两可的概念来混入食品的门类。类似的广告还有"剑桥英式校园风格"等于剑桥、"长寿村的健康好礼"意味着长寿、"在小溪里抓鱼"等于鱼片新鲜、"旺仔奶有营养"可以取代牛奶，"聚能环"能聚能、"有机牧场"就是无添加零污染等都是利用偷换概念来欺骗受众。

儿童广告中的片面描述的情况主要有四种：第一，成分不明，故意隐瞒或突出一部分重要信息，例如，某儿童药品广告中，一直强调适合0～6岁的儿童使用，但是该产品有两种，分别适合0～1岁和1岁以上，广告故意忽视了成分的差异；又如，某品牌果奶广告中，强调"不添加糖精"，但是替代糖精的成分未解释。第二，只强调部分产品，试图以偏概全，例如某进口母婴用品网站只在广告中推荐打折的纸尿裤，以此造成全网打折假象。第三，用保障、承诺的字眼吸引观众，但是只字不提如何保障、如何回馈等，就好比"买一赠一"一样，然而"一和一"并不同。第四，提出或借用一些"深奥"的名词来对产品的特点加以标注，例如，"智锁罐锁住营养""云端牧场""速热科技"等，利用信息和知识的不对称，让儿童和家长在不明所以中认定产品的高端和科技性等。

儿童广告中最多的欺骗是制造所谓的"数据和证明"。本书发现，儿童广告中数据证明的虚假程度从轻到重可以分成三级。

第一级的特点是"专属"和"进口"。例如宣传专属于儿童的面料、工艺、色彩等各种专为0～6岁设计的产品，又比如某品牌所谓"日本进口"的纯国产尿不湿。

第二级的特点是各种"获奖"和"认证"。例如获"欧盟双认证"的奶粉，"吉尼斯纪录"的牛奶，"十强金谱奖"的童装等，这些认证、奖项或者不存在或者是很多年前的。

第三级的特点是数据本身真伪难辨。这些数据主要是关于产品成分和产品质量的"说明"，但它们并没有真正被解释和说明，因此我们有理由认为，这样的数据更多地希望通过"科学性"来欺骗观众。

除了数据的虚假以外，各类"专家"和"科研机构"的虚假演出，以及各类明星的加盟，都让儿童广告的欺骗性更高。

形象歪曲和虚假表现即在广告中对产品的外形、成分或构造等进行特写和放大等。由于儿童的易感受性和分辨能力较低，往往会被这类广告吸引和蒙蔽。

（2）夸张误导。

19.8%的儿童广告存在严重的夸张误导的现象，广告中所说的情况在现实中几乎没有实现的可能；另外有41%的儿童广告中存在比较严重的夸张误导的情况。

夸张的表现主要分为两类，一类是运用一些极端的修饰词，表明产品的"顶级"质量，例如，"顶尖"装备，"领军"家纺，问"鼎"而至的汽车，"超特级"的尿不湿等，通过夸张的修饰词塑造产品品质的出类拔萃。另一类是对产品效果和功能的极度夸大，以误导消费者的判断，例如，某写字板的广告宣称21天就能练得一手好字，某儿童牙膏被塑造成了无所不能的护牙战士，某儿童保健药品可以调理脾胃又补钙等。"多效合一"是这一类夸张误导广告的典型特点。

（3）情感暗示。

感性广告通过渲染一种情感和气氛，让消费者感同身受地相信广告中的口号，儿童更容易被广告中的暗示性情感所影响，因而在本次广告的调查中，46.2%的广告使用了情感暗示的方法。

大部分广告都是通过宣传一个积极正面的情感，营造温馨的画面，如母爱成就未来、浓缩妈妈的爱、陪伴成长等。其中某珠宝的广告，整个广告都在宣扬亲情的美，"因为爱很美"；而某热水器广告只是通过几个家人的镜头，传达"用热爱家"理念，还有部分广告营造的是积极努力的情感气氛，例如，成就大不同、撑起孩子未来、生活达人、多彩生活触手可及等。

同时也有3个广告所传达的情感是负面的，通过负面的情感来表达产品的"逆转"效果，暗示没有这些产品将会是错误的，被人嘲笑的。例如，某早教读物提出"没教育是家长的过失和缺憾"，某网站表现出单身女性受鄙视等。

综上所述，儿童广告中的意图真实性水平较低，表现形式多样，有很多广告中不止一种失真的表现。例如，某牛奶的广告夸大功效，用两个小孩比身高来表现喝了牛奶可以长高的功效，并且广告中有明显的歪曲食品形象的镜头，存在对产品成分的欺骗性表现。

2. 场景不真实

儿童广告的场景真实状况并不乐观，从本次统计结果来看，属于儿童日常生活的场景（包括动画制作的儿童生活场景）只有 36.3%，主要集中在家庭、学校和社区中；有 16% 的儿童广告发生的场景属于真实的生活场景，包括医学实验中心、牧场、茶园、父母办公室等。

其余的儿童广告场景有 23.6% 发生在摄影棚中，22.2% 是完全虚拟的无意义的背景，这样的广告场景在生活中无法实现，没有现实操作的可能性，是一种利用营造虚拟场景来欺骗消费者的行为。

3. 儿童行为真实

儿童广告中出现的儿童行为具有较高的真实性。65.6% 的广告中儿童均表现出真实的，且与儿童年龄相符或基本相符的行为，其中以游戏、学习为主，吃喝等生理行为也较多。

然而仍有 17.5% 的儿童广告中，儿童仅仅是产品的展示者，他们面无表情或动作机械，举着产品念着广告词，完全失去儿童的本性，儿童在此时完全是一个摆设或者成为背景。

在约 10% 的广告中，儿童的行为是成人化的，从事着成人的"工作"。某儿童服装品牌为了体现"装扮我的童年"这一思想，安排了一个"女童设计师"，在广告中，该女童的一言一行都是成人化的，化浓妆，穿成人衣服，用成人的语言说话。

4. 儿童语言真实

儿童语言的真实性要远远低于儿童行为的真实性，仅有 26% 的广告中，儿童语言是比较真实的。

与儿童行为相似的是，儿童语言中也有较大一部分属于产品展示，儿童没有自己的语言，所说的完全是产品的特点、功能、口号等，如："特步特护五颗星""哇，永高儿童鞋"。

儿童语言的成人化比例（11.3%）也比成人化的行为略多，看似儿童的表现却说着成人的语言，例如，"什么带给全家营养健康""你当小白领""生活就是种无拘无束的创作"等。

5. 儿童能力真实

儿童能力的真实性较高，广告中的儿童基本都表现出与年龄相符的能力水平。

23.6%的广告中儿童的能力与实际年龄不符，主要表现为两种趋势。

一种是夸大儿童的能力，其目的或者是展现使用了该产品的儿童的能力强，例如，蹒跚走路的婴儿"给雕塑换尿不湿"，又如，三四岁的孩子已经能够在水里捕到鱼；或者是展现产品的易操作性，例如，一个六七岁的孩子拿起某单反相机，一按快门就"拍出鲸鱼跃水的镜头"。

另一种是过分贬低儿童的能力，往往伴随着使用了产品的同伴比较。第一，展现了儿童的极低的自控能力，比如，在不止一个儿童食品广告中，完全失去自控能力的儿童们都有类似"好吃地停不下"的广告语，儿童一直不停地吃，高喊着"我还要"。第二，贬低了儿童的自立能力，例如在某酱油广告中，儿童看上去已经有五六岁了，竟然还需要家长喂饭。第三，贬低了儿童的身体和智力发育水平，广告中的儿童是十分无知的，其目的是突出使用产品前后儿童的飞速变化，例如某饮料广告中，一个小学课堂的儿童竟然算3加6等于几时需要扳手指；某儿童纺织品广告中，画面中孩子已经会走路，妈妈却依然拎着孩子的胳膊走。

6. 儿童服饰真实

儿童服饰的真实性较高，75.9%的儿童穿着的是童装，其中包括校服和尿不湿。当然也有7.5%的儿童是穿着成人的服装或画了成人的妆容，例如涂着发胶的小男孩和化妆的小女孩。

综上所述，儿童广告的真实情况为：（1）意图真实性很低，尤其是故意欺骗的广告比例很高，儿童广告中欺骗夸张和情感暗示经常同时存在于一个广告中；（2）广告场景的生活程度不高，有超过半数的儿童广告的场景是与儿童生活无关的假场景；（3）从儿童在广告中的表现来看，儿童行为和语言的不真实情况较突出，成人化的表现也有1/10之多；（4）儿童能力的真实性较高，但仍然存在极明显的对儿童能力的抬高或贬低的情况；（5）儿童服饰的真实程度高，与儿童的实际年龄和生活相接近，成人化的服装和妆容依然需要引起研究者的关注。

（二）平等

1. 经济不平等表现为有富裕无贫困

就统计结果来看，当前的儿童广告中，呈现的经济水平以普通小康家庭最多，占到 34.9%，其次是较富裕的经济状况，占 18.9%，此外还有 5.7% 的儿童广告展现的是一种奢华的极富有的生活，而贫困生活状况则在广告中没有出现。各种经济水平间的差异是极显著的（$P < 0.01$）。

2. 城市特征明显多于乡村

本次调查中有 21.7% 的儿童广告展现了显著的城市特征，例如楼房、道路等，还有 34.9% 的广告也表现出不太明显的城市特点，完全没有乡村的痕迹。由此可见，儿童广告展现的是一幅幅城市生活场景，宣扬城市的优越性是儿童广告的特点之一，这也造成儿童广告中城乡生活状况的严重不平等。

随着自然、有机等理念的宣传，儿童广告中也出现了一些乡村的场面，5.7% 的儿童广告发生在乡村生活中，主要是农场和茶园，这样的场面对儿童广告平等性的发展是一个进步。

3. 儿童性别平等优于成人

总的来说，儿童广告中性别行为的平等水平较高，儿童的性别行为平等状况（58.9%）要好于成人（39.6%）。

儿童的性别不平等主要有以下表现：第一，男孩多为主动的主角，女孩多为木讷的配角；第二，男孩爱运动，女孩爱吃东西，例如，一个食品的广告词是"弹弹弹，解解馋"，画面中男孩表演的是弹跳，女孩一直很馋地在吃；第三，男孩女孩运动的项目不同，男孩的更冒险，女孩的更平和，例如，在某服装广告中，男孩在玩滑板，女孩在荡秋千。

成人性别不平等主要表现为明显的性别角色差异，儿童广告中的专家、医生、驾驶汽车的全部都是男性，烧饭、准备食物、照顾儿童生活的角色都由女性扮演。男性在广告中的角色更多元，女性则较多地局限于照顾儿童的妈妈角色，因此可以说，在儿童广告中成人性别的不平等就是对女性社会期望的歧视。

4. 几乎不存在种族歧视

从统计结果来看，儿童广告中存在的种族歧视的情况不到 5%，89.1% 的儿童广告中不存在种族歧视的情况，其中仅有中国儿童的广告为 82.5%，还有 6.6% 的儿童广告表现了多种族儿童参与的情景，且多种族儿童的表现无歧视性差异。

不过仍然有 8 例儿童广告完全由白种人儿童演出，这也表现出我国儿童广告中依然有崇洋媚外的气息，有种族歧视之嫌。

5. 生理平等的状况较好

儿童广告中基本没有对儿童的生理缺陷产生歧视，生理平等的概率高达 91.4%。

有 7 例广告表现出些歧视，包括口吃、尿床、个子矮、嘴小等。

其中最突出体现生理歧视的两则广告，是同一个产品在去年和今年的两个版本，该产品是某品牌的健脾止遗片，广告中的儿童因为尿床被妈妈打、被同学嘲笑。因为生理发育的问题成为被歧视的对象，这对于广大电视机前的有遗尿情况的儿童来讲，无疑是一种强烈的负强化，造成对儿童的身心伤害。

6. 成人与儿童关系平等为主

从本次调查的结果来看，儿童广告中成人与儿童的关系基本是平等的（80.7%），仅有 9.4% 的广告表现出不平等的成人儿童关系。

成人与儿童关系的不平等表现分为两类，第一类是儿童附属于成人，听命于成人，例如，某电脑广告的口号是儿童好坏取决于父母的管束，又如，学生依照老师的"推荐"买饮料，或者女儿在妈妈的办公室呆呆地坐着。

第二类是成人视儿童为小祖宗，不顾一切地满足儿童的各种不合理的要求，例如允许小孩不吃饭，以喝饮料代替，又如，一群孩子看着一个大人在水里打滚为他们抓鱼，只为小孩们开心，或者为了博孩子开心，给孩子当鞍马等。这两类关系不平等的状况数量相同。

综上所述，儿童广告的平等情况中：（1）经济歧视和城乡不平等的情况比较明显，广告呈现的更多的是中等偏上经济水平的城市生活；（2）性别歧视的比例虽然不高，但均表现出对女性的歧视，男童和男人在广告中的形象更丰富，表现力更强；（3）儿童广告中几乎不存在种族歧视，生理平等和关系平等的水平都较高，但少量的歧视现象仍反映儿童广告崇洋媚外的倾向，以及对生理发育滞后的歧视；（4）与以往研究中所批判的、儿童和成人关系的严重不平等状况不一致，本次研究结果表明儿童广告中儿童和成人的关系基本是平等的。

（三）关怀

1. 儿童广告中的关系以关怀关系为主

关怀行为以游戏和照顾为主，被关怀者主动回应不多。

（1）超过 7 成的儿童广告中都出现了关怀行为，关怀者行为根据关心的程度分为两类，一类是教育和游戏等关怀活动，占 38%；另一类为照顾互助和分享等关怀活动，占 36%。

同时，儿童广告中存在有一定比例的"非关怀"行为，包括以下两方面。

一方面，表现为对他人的打骂、欺负，例如，某饼干广告中，两个儿童互相将对方变成巧克力人；又如，健脾止遗片广告中，妈妈打骂孩子等。另一方面，儿童广告中存在一些破坏环境和浪费的情形。儿童在广告中肆意地为所欲为，例如，随处乱扔垃圾，广告"七娃葫芦宝"中，儿童在教室喝完饮料后将瓶子抛向空中；又如，破坏文物景观，广告"茵茵纸尿裤"中，婴儿自己脱下纸尿裤，将它穿在了公园的雕塑身上；再如，资源浪费，广告"能率热水器"中，为了展现热气腾腾的画面，一直在放水，而画面中并没有人在用水。

（2）被关怀者的反应中，主要是主动回应的比例仅有 37.7%，其中包括动作接受、语言接受和表情接受三种；高达 45.7% 的儿童广告中，被关怀者只是被动回应，如抬头看着，甚至不回应关怀行为。这些情况下，关怀关系和关怀行为也失去了原有的意义。

2. 成人是主要的关怀者，被关怀者中，儿童的比例最高

在 50% 的儿童广告中，成人都表现出了关怀的行为。67.9% 的成人关怀对象是儿童，表现为与儿童共同游戏和对儿童的照顾。

成人对自我的关怀也比较多，占成人关怀对象的 26.1%，表现为对自己身体的担心和照顾，属于自我健康管理的范畴。

成人表现出的对陌生人的关怀约占 9%，主要是对陌生儿童的帮助；成人在广告中也有 8% 是对动物的照顾，例如给狗洗澡等。值得关注的是，成人对环境和动物的关怀，在大部分情况下是和儿童共同完成的，也就是说，

属于成人教育儿童的内容。

3. 儿童也是关怀者，且关怀对象更均衡

儿童广告中的儿童不仅是被关怀的对象，他们也表现出了关怀者的行为，有 36.8% 的广告中儿童成为关怀行为的发起者。

与成人相比，儿童作为关怀者中数量上没有成人多，但是关怀对象的范围更加广泛和均衡。从儿童关怀对象的比例来看，熟悉的人是最主要的关怀对象（70.5%），儿童自我关怀其次（38.4%）。儿童对陌生人关心（12.8%）的比例比成人高（9%），儿童对动植物和环境关心的比例也比成人高出 3.5 个百分点。在儿童广告中，儿童通过照料动物、种植植物等方式，多次表现了对动植物的关心。

本次研究中唯一对环境的关心来自某电池广告中提出的"节能环保"理念，虽然仅有 1 例，也说明儿童广告已将环保的理念纳入了创意之中。

4. 儿童和熟悉他人是主要的被关怀者，陌生他人和环境很少是被关怀者

（1）58.9% 的儿童广告中熟悉他人是被关怀者；（2）54.2% 的儿童广告中儿童是被关怀者；（3）23.1% 的儿童广告中自我是被关怀者；（4）8.5% 的儿童广告中陌生他人是被关怀者；（5）6.6% 的儿童广告中动植物环境是被关怀者。

综上所述，儿童广告的关怀情况如下：（1）广告中的关系以关怀关系为主，非关怀的关系较少；（2）关怀行为水平较高，但是被关怀者的回应很不主动，这说明儿童广告中仍然存在严重的真正的关怀关系的缺失；（3）儿童即是最主要的被关怀者，也是重要的关怀者，在成人的关系中不完全是被动的；（4）关怀的行为更多地发生在熟悉他人之间，这种情况与儿童发展生态学相吻合，微观环境是儿童发展的主要环境；（5）尽管数量不多，但对自我的健康管理、对陌生人的关怀以及对动植物环境表现出的关心，都表明儿童广告已经关注了广泛的关怀关系。

（四）成长

1. 儿童需要基本得到满足，成人本位的情况约为 1/4

本书通过儿童广告中是否尊重和满足了儿童的合理需要，来判断儿童广告中儿童本位的现状。统计结果表明，儿童广告中有超过 70% 的广告都

体现了满足儿童的需要，完全不尊重和满足儿童需要、以成人为本位的儿童广告占 23.6%。

儿童的需要满足分为以下三类。

第一类为满足儿童的不合理需要，这类比例为 13.7%，例如，过多地买旺旺食品，满足儿童玩危险游戏的不合理要求等。

第二类为满足儿童的合理需要，促进儿童内在天赋的发展，45.8% 的儿童广告都属于这一类。有的儿童广告在广告词中提到"满足小嘴嘴的需要""天赋释放""宝宝挚爱"等理念。也有的儿童广告在画面中表现出满足了儿童的自我需要，例如，尿不湿广告中表现的是婴儿自己觉得超舒服。儿童在广告中表现了爱美的需要、亲近自然的需要、探索发现的需要等。

第三类广告中不仅表现满足了儿童的需要，而且儿童在广告中表达了自己的主见，例如"我看好的才好看""我有我主张"。儿童还通过实际行动表现了自我需要的实现，例如，在某汽车广告中，儿童拿车钥匙请爸爸出门。

2. 儿童的一致化程度高，个体差异性极小

儿童广告中个体差异的问题极其严重，所有的儿童广告中，只有 11.3% 的广告中提到或表现出儿童应该有差异的对待，这种差异对待主要是指，针对男女儿童间的性别差异对应不同的产品。

仅有 4 则广告中体现了儿童的个性，广告中的儿童通过各自的方式表达自己，或者是表现不同儿童的不同运动方式，或是以儿童艺术、语言、运动等多种方式展现。

3. 儿童行为的主动性较高，被动学习和机械灌输的情况存在

从本次研究的结果来看，儿童在广告中的行为表现为主动活动的较多（45.8%），但是主动探究的行为很少，仅有 12 个广告表现出轻微的探究行为。

16.5% 的儿童在广告中是被动的，其角色是展示产品或衬托成人，儿童没有主动发起的动作，甚至表情也是僵硬的。

小学化现象在儿童广告中也大量存在，有 32 支广告中存在或多或少的小学化的现象，主要表现为：

第一，理念小学化。要求不能让孩子"输在……上"，"大脑不一样的开发与营养，宝宝的未来成就大不同"。包括关注智力发展，比如，如果写作业解题遇到困难，说明经常用脑需要"多喝六个核桃"，如果在角色游戏中遇到困难，只需要吃一个"脆香米"，立刻可以变聪明；强调知识重要，例如，宝宝在"3岁前掌握1000个单词"；突出竞赛价值，比如，某奶粉帮助儿童在各种英语比赛中获胜，喝了某核桃露就能在抢答比赛中胜出等。

第二，机械灌输。强调知识灌输的重要性，例如，家教机的广告中出现反复跟读、死记硬背的儿童，亲子间进行一问一答式的知识灌输等。

第三，空间位置小学化。广告中采用小学的座位，空间位置固定。

第四，学习内容呆板。多个儿童广告将识字做题作为评价儿童优劣的标准。

4. 游戏活动不是儿童在广告中的主要活动方式

游戏活动并不是儿童在广告中主要的活动方式，尽管本书的游戏活动包括体育活动、种植活动、角色扮演、自我游戏、嬉戏等多种方式，但是仍然只有26.4%的儿童广告中，儿童是完全在游戏中的。

与此同时，有36.3%的儿童完全不是游戏，11.3%的基本不是游戏，这部分儿童在广告中的存在方式包括交往、被照料、做家务和展示产品等，其中产品展示者不应当成为儿童的"活动"方式。

5. 展现的文化氛围具有煽动性

就本次调查研究的结果来看，儿童广告所展现的文化氛围的情况并不乐观。

（1）文化氛围良好的儿童广告比例只有46.7%，同时有50%的儿童广告中存在不同程度的不良文化。

（2）在本次研究所统计的四类不良文化中，攀比煽动的广告比例最高，有50.5%的儿童广告都存在鼓励儿童攀比、煽动儿童购买的情况。儿童广告中煽动攀比的具体表现分为四类。

第一类，利益诱惑，即在儿童广告中利用促销、赠品等诱惑儿童和家长购买，例如，买学习机附送T恤套装，收集齐全套可以抽奖等，有的儿童广告中有"数量有限，赠完为止"或"促销进行中"的字样。

第二类，利用儿童的从众心理，即呼吁电视机前的儿童和广告中的儿童一样拥有产品，例如，有广告语为"你有我有大家有""我们都爱""我还要"等；一群儿童对着镜头拿着产品，喊着好喝、好用等口号。

第三类，特殊语词的逼迫，即以逼迫的口气"警告"家长，"不买就是你的过失"，如果"你是明智的家长"，就"不要让你的孩子失望"。

第四类，鼓吹张扬个性，即强调产品的特殊性，鼓吹产品的个性，例如，青少年专属、定制、认准等字眼出现在儿童广告中。

（3）儿童广告中暴力、色情和送礼的情况不多，三者加起来共有26例，但是这类文化非常恶劣，对儿童的发展有极坏的影响，因此本书认为这类广告应该完全在儿童广告甚至广告中消失。

儿童广告的暴力情况主要是表现为打斗或欺负他人，例如，某儿童牙膏的创意是"打败牙菌怪"，儿童游戏机基本都以"最强战斗"为卖点，广告中多有暴力或恐怖的镜头做渲染。

儿童广告中的色情问题数量不多，但是表现方式多样，例如某食品广告中，男孩为了吃到女孩手里的食品，做出种种色情的表情和动作；例如某尿不湿广告中，美女泳装躺在沙滩上等。

儿童广告中的送礼情况有三种趋势：节日送礼的习俗，较多的送礼广告集中出现在2015年3月份录制的样本中；送礼访友，例如广告中宣传"送礼送好字成"；主张儿童将"行贿"作为人际交往的工具，例如，某泡泡糖广告中，插班同学本来与班级同学互相排斥，但是因为请同学吃了泡泡糖，突然关系就变得和谐起来。

6. 儿童发展不全面、不均衡

在同一广告中提到促进儿童全面发展各领域目标的广告仅有7个，且集中在教育类产品中，存在夸大误导的成分；有9%的广告提到3个领域的发展目标；44.3%的儿童广告中存在1—2种发展目标；还有16.5%的儿童广告中没有涉及任何儿童发展目标。

（1）健康领域发展是儿童广告中较多的目标，健康领域各方面的发展不均衡。约有40%的儿童广告表现或提及了促进儿童健康的发展，其中5.7%的儿童广告提到了儿童健康领域多方面的发展；身体发展是儿童广告中涉及最多的，36.3%的广告中，儿童的发展目标或产品的功效为促进儿童的身体发育，体魄强健等。14.6%的儿童广告强调应当促进儿童智力的发展。

与健康领域的其他发展目标相比，提出应当帮助幼儿培养良好的生活习惯的广告很少，例如，每天刷牙、看书距离25厘米、自己的衣服自己洗等，同时还有广告中存在一些不良的生活习惯，例如，吃饭就着饮料，用果蔬汁代替蔬菜等。

约4%的广告提出要培养儿童愉快的情绪，让儿童快乐是最重要的目的，此外还有1则广告表现了儿童遵守交通规则的情景。

儿童广告中有82.1%的情景和情节都是安全的，虽然没有明确地提出要进行安全教育，但也没有提供不良示范。15.1%的儿童广告中存在不安全的因素，主要有三种表现形式。

第一种是产品本身存在危险和暴力因素。这类广告以各种游戏玩具为主，包括"决战刷卡机""飞陀""乐高星球大战系列"等，有些产品中含有电锯、坦克等造型，有些产品广告鼓励儿童互相对决。危险的产品加上危险的广告号召，极有可能吸引儿童购买和模仿，对儿童造成伤害。

第二种是成人对儿童做出有危险的动作。儿童广告中的一些父母在照顾儿童的时候，由于不了解基本的护理知识，出现了一些可能伤害儿童的行为，这些成人行为看似充满关爱，实则会对儿童的身体造成难以估量的损伤。例如抛举儿童，给儿童过量喂药等。

第三种是儿童自身行为存在安全隐患。一是动作本身的危险性高，例如几个月的婴儿吃整颗某仔小馒头、儿童操纵汽车行驶、给陌生快递员开门等；二是在不合适的场合运动或者游戏，很容易造成各种安全事故，比如某儿童服装的广告中，儿童在人行道上玩滑板，在大马路上放风筝，又比如某游戏机广告中，儿童边走边玩，完全不顾路面情况等。

研究者还发现，少儿频道的儿童广告中不安全的因素更多，原因主要有两个方面：一是夸大儿童产品本身的性质，例如"比巴卜泡泡糖"广告中，泡泡糖吹得很大，覆盖了整个口鼻，很容易引起窒息；二是为了凸显少儿频道的少儿性质，不恰当地夸大了儿童的能力，比如，在奶粉广告

"雅培菁智"中，为了突出宝宝对奶粉的喜爱以及喝了雅培奶粉后的超强能力，让宝宝举着一个很大的奶瓶仰头咕嘟咕嘟地喝，然后一脚踢碎了积木，这些行为不仅会危及儿童的生命安全，也会伤害到他人。

生命安全是儿童成长的基本前提，"电视广告中儿童能够看到或者听到的任何音像内容，都必须从安全的角度予以仔细考虑"①。《幼儿园教育指导纲要（试行）》和《3—6 岁儿童学习与发展》中都明确将安全放在儿童发展的第一位，可以毫不夸张地说，只有安全的保障才能谈得上儿童的成长。

（2）社会领域发展是儿童广告中重要的儿童发展目标，以人际交往最明显。47.2%的儿童广告表现或提及了促进儿童社会领域的发展，儿童广告中较多地呈现了爱父母的情感。人际交往是儿童广告中另一重要的儿童发展目标，43.6%的儿童广告都展现了促进儿童交往能力发展的内容，在部分文化教育类儿童产品中，明确地将促进儿童交往作为产品的功效，更有一些广告中表现了合作、分享的培养目标，例如某奶制品广告中，通过分享和互助作为线索，表现了儿童人际交往的能力。

18.4%的儿童广告中，我们可以看到以下优秀品质：勤劳，例如自己洗衣服；节俭，例如用废纸箱做演出服；有礼貌，例如请小朋友一起喝饮料；勇敢，例如和爸爸一起去探险；进取，例如广告词为"坚持梦想"等。

（3）科学领域发展目标较少，主要表现为促进儿童想象力、创造力的发展。17.9%的儿童广告，表现或提及了促进儿童科学领域的发展。科学领域的发展目标仅限于科学精神的发展，几乎没有关于科学领域其他内容的发展目标。儿童广告中有关科学精神的发展目标主要有以下三个。

第一，培养和促进儿童想象力的发展，"为想象插上翅膀"，例如某儿童奶粉广告中，婴儿觉得星星在对他眨眼睛、小雨在对他歌唱等。

第二，激发和满足儿童的好奇心，例如爸爸利用门口衣架挂衣服，儿童看不见衣架，以此激发幼儿好奇心，"衣服怎么能挂在门上"，又如促进儿童思考"海的那边是什么呢？"

---

① 英国《独立电视委员会广告业行为标准准则》第 11 条。

第三，培养和促进儿童创造力的发展，表现儿童的创造力，例如某食品广告中，用食品做出新的造型，或者如某奶粉广告中用纸盒制作表演服装。

（4）艺术领域发展目标很少，以表现美为主。仅有 10.4% 的儿童广告表现了儿童艺术领域的发展目标；艺术领域的发展目标基本通过艺术活动来体现，也就是说，以表现美为主要的目标。儿童广告中，艺术领域的表现方式主要有：唱歌跳舞 - 儿童广告中表现艺术最多的方式；手工制作 - 包括陶艺、石头拼出海豚造型等；绘画 - 包括油画和写生各 1 例，此外还有一个相机广告中提到了儿童利用摄影捕捉美的瞬间。

（5）儿童广告中语言不够规范出现较多的外文、谐音和双关语的现象。65.5% 的儿童广告中，广告用语是比较规范的，但是仍有近 30% 的儿童广告语言不规范，这对于儿童习得正确的语言是不利的，不符合儿童语言领域发展的要求。儿童广告用语不规范主要表现为以下三类。

第一类，外语以多种形式存在于儿童广告中。有商标品牌"格力大松 tosot"，有产品口号"your fabric"，有产品介绍"packet drink""organic"，也有儿童语言"let's go""so easy"等。

第二类，双关语较多。例如护手霜广告语"手选隆力奇"，钙片广告词给骨骼加"骨"劲，快餐面广告词"做人要干脆（面）"等。

第三类，谐音。例如，伊可新"一颗心"、"码"上去云端牧场等。

与外语相比，双关语和谐音对儿童的危害更大，会在儿童模仿的过程中，对其正确的语言发展造成严重的障碍。

综上所述，儿童广告的成长因素的水平有以下特点：（1）儿童广告中的儿童基本被满足了需要，儿童本位在儿童广告中得到了较多的体现；（2）儿童广告中的儿童表现和需要的一致性程度很高，儿童之间的差异性很小，没有尊重儿童的个性发展需要；（3）儿童广告中的儿童主动性较高，活动方式多样，游戏所占比例约为 3 成，积极友好的活动是主流；（4）儿童广告中存在一些明显的小学化的现象，有多种小学化的表现；（5）儿童广告所营造的文化氛围中，有较严重的煽动、攀比的风气，此外，暴力、色情和送礼的现象在儿童广告中仍然存在；（6）所有领域中，健康领域和社会领域的发展目标在儿童广告中最多，其中又以身体发展和人际交往的目标为主；科学领域和艺术领域不是儿童广告中儿童发展的主要目标，这两个领域在儿童广告中的表现仅集中在科学精神和艺术表现两点上；（7）儿童广告中，存在多种不安全的行为以及不规范的广告用语。

第三节　伦理变量的差异性检验结果

一　少儿频道和儿童产品的广告更不真实

1. 真实变量与播出频道间的差异性检验

（1）儿童广告的意图和场景的真实情况，因播出频道的不同而存在显著性差异（见表4-8）。

不同的频道中，意图真实（$\chi^2 = 7.951$，$df = 3$，$P < 0.05$）的情况存在显著性差异。少儿频道与非少儿频道相比，存在10例意图真实的广告。

不同的频道中，场景真实（$\chi^2 = 10.403$，$df = 4$，$P < 0.05$）的情况存在显著性差异。少儿频道与非少儿频道相比，场景的真实情况更失真一些，有超过半数的少儿频道的广告存在虚拟或者摄影棚的场景。

表4-8　真实情况与播出频道交叉

单位：个

		播出频道	
		少儿频道	非少儿频道
意图真实 P < 0.05	1	68	50
	2	20	18
	3	0	0
	4	25	21
	5	10	0
场景真实 P < 0.05	1	34	16
	2	30	17
	3	3	1
	4	12	22
	5	44	33

（2）儿童广告中故意欺骗、夸张误导、情感暗示的情况，以及儿童的行为、服饰、能力和语言的真实情况，均没有因播出频道的不同而存在显著性差异（P > 0.05）。

2. 真实变量与广告类型间的差异性检验

（1）意图真实、故意欺骗、场景真实、语言真实的情况，因广告类型的不同而存在显著性差异（见表4 - 9）。

表4 - 9 真实情况与广告类型交叉

单位：个

		广告类型	
		儿童产品	非儿童产品
意图真实 P < 0.05	1	91	27
	2	26	12
	3	0	0
	4	22	24
	5	9	1
故意欺骗 P < 0.05	1	44	14
	2	53	16
	3	8	2
	4	9	7
	5	91	25
场景真实 P < 0.05	1	43	7
	2	35	12
	3	3	1
	4	18	16
	5	49	28
语言真实 P < 0.05	1	37	8
	2	19	5
	3	52	36
	4	14	4
	5	26	11

不同的广告类型中，意图真实（$\chi^2 = 15.508$，df = 3，P < 0.05）情况存在显著性差异，儿童产品的广告欺骗情况明显更严重。

不同的广告类型中，故意欺骗（$\chi^2 = 11.698$，df = 4，P < 0.05）的情况存在显著性差异，故意欺骗的情况在儿童产品广告中所占比例远远超过了非儿童产品的广告。

不同的广告类型中，场景真实（$\chi^2 = 12.737$，df = 4，P < 0.05）的情况存在显著性差异，儿童产品广告中的场景更加不真实。

不同的广告类型中，儿童语言真实（$\chi^2 = 9.630$，df = 4，P < 0.05）的情况存在显著性差异，儿童产品广告中儿童更多地出现了不真实的语言，例如产品介绍和成人化的语言等。

（2）不同的广告类型中，儿童广告的夸张误导、情感暗示的情况，以及儿童行为真实、服饰真实、能力真实的情况均不存在显著性差异（P > 0.05）。

二　不同播出频道、广告类型、产品类型的儿童广告的平等水平存在显著差异（见表 4 –10）

1. 平等变量与播出频道间的差异性检验

（1）经济不歧视、儿童性别平等、成人性别平等、种族不歧视以及关系平等的情况，因播出频道的不同而存在显著性差异。

不同的频道中，经济不歧视（$\chi^2 = 11.731$，df = 4，P < 0.05）情况存在显著性差异，非少儿频道中经济歧视的概率较高。

不同的频道中，儿童行为的性别平等（$\chi^2 = 29.661$，df = 4，P < 0.05）情况存在显著性差异，少儿频道中儿童性别不平等的情况较多。

不同的频道中，成人行为的性别平等（$\chi^2 = 11.642$，df = 4，P < 0.05）的情况存在显著性差异，非少儿频道中成人性别不平等的情况更严重。

不同的频道中，种族不歧视（$\chi^2 = 14.661$，df = 4，P < 0.01）的情况存在显著性差异，少儿频道中种族不歧视的状况较好，有较多的儿童广告中出现了多种族儿童共同活动的场面。

不同的频道中，关系平等（$\chi^2 = 11.303$，df = 4，P < 0.05）的情况存在显著性差异，少儿频道中存在较多的关系不平等的儿童广告。

（2）不同的播出频道中，城乡平等不存在显著性差异（P＞0.05）。

表4－10　平等情况与播出频道交叉

单位：个

		播出频道	
		少儿频道	非少儿频道
经济不歧视 P＜0.05	1	6	6
	2	5	25
	3	52	33
	4	50	24
	5	0	1
性别平等一儿童行为 P＜0.05	1	10	1
	2	8	2
	3	32	34
	4	11	6
	5	62	46
性别平等二成人行为 P＜0.05	1	7	3
	2	8	16
	3	64	30
	4	5	4
	5	39	26
种族不歧视 P＜0.01	1	4	4
	2	0	2
	3	12	1
	4	95	80
	5	12	2
关系平等 P＜0.05	1	8	2
	2	4	6
	3	17	4
	4	8	13
	5	86	64

2. 平等变量与广告类型间的差异性检验（见表4－11）

（1）性别平等和种族不歧视的情况，因广告类型的不同而存在显著性差异。

不同的广告类型中，儿童行为的性别平等（$\chi^2 = 10.021$，df = 4，P < 0.05）的情况存在显著性差异，其中儿童产品广告中存在较多的严重不平等的情况。

不同的广告类型中，成人行为的性别平等（$\chi^2 = 15.213$，df = 4，P < 0.01）的情况存在显著性差异，非儿童产品广告中存在较多的成人行为的不平等状况。

不同的广告类型中，种族不歧视（$\chi^2 = 9.604$，df = 4，P < 0.05）的情

表4－11　平等情况与广告类型交叉

单位：个

		广告类型	
		儿童产品	非儿童产品
性别平等一儿童行为 P < 0.05	1	10	1
	2	10	0
	3	41	25
	4	14	3
	5	73	35
性别平等二成人行为 P < 0.01	1	7	3
	2	10	14
	3	76	18
	4	6	3
	5	49	26
种族不歧视 P < 0.05	1	7	1
	2	1	1
	3	12	1
	4	115	60
	5	13	1

况存在显著性差异，儿童产品广告中更多地展现了多种族儿童的画面，但同时儿童产品广告中也有一些严重不平等情况。

（2）不同的广告类型中，关系平等不存在显著性差异（P > 0.05）。

三 非少儿频道和非儿童产品的儿童广告的关怀水平更高

1. 关怀变量与播出频道间的差异性检验（见表4 – 12）

（1）关怀者、被关怀者熟悉他人以及被关怀行为的情况，因播出频道的不同而存在显著性差异。

不同的频道中，关怀者成人（$\chi^2 = 19.845$，df = 4，P < 0.01）的情况存在显著性差异，非少儿频道中的成人更多地表现为关怀者。

不同的频道中，被关怀者儿童（$\chi^2 = 14.243$，df = 4，P < 0.01）的情况存在显著性差异，非少儿频道中更多的儿童是被关怀的对象。

不同的频道中，被关怀者熟悉他人（$\chi^2 = 10.644$，df = 4，P < 0.05）的情况存在显著性差异，非少儿频道中更多的熟悉他人是被关怀的对象。

不同的频道中，被关怀行为（$\chi^2 = 14.463$，df = 4，P < 0.01）存在显著性差异，非少儿频道中出现了更多的积极的被关怀行为，而少儿频道中则出现了较多的非关怀行为。

（2）不同的播出频道中，关怀者儿童的情况不存在显著性差异（P > 0.05）。

表4 – 12　关怀情况与播出频道交叉

单位：个

		播出频道	
		少儿频道	非少儿频道
关怀者成人 P < 0.01	1	43	20
	2	13	8
	3	19	2
	4	21	29
	5	27	30

续表

		播出频道	
		少儿频道	非少儿频道
被关怀者儿童 P＜0.01	1	29	19
	2	18	8
	3	20	3
	4	23	29
	5	33	30
被关怀者熟悉他人 P＜0.05	1	45	17
	2	10	7
	3	6	2
	4	30	26
	5	32	37
被关怀行为 P＜0.01	1	5	0
	2	30	8
	3	16	14
	4	27	32
	5	45	35

2. 关怀变量与广告类型间的差异性检验（见表 4 – 13）

（1）关怀者成人的情况，因广告类型的不同而存在显著性差异。

表 4 – 13　关怀情况与广告类型交叉

单位：个

		广告类型	
		儿童产品	非儿童产品
关怀者成人 P＜0.05	1	51	12
	2	15	6
	3	15	3
	4	28	22
	5	36	21

不同的广告类型中，关怀者成人（$\chi^2 = 11.979$，df = 4，P < 0.05）的情况存在显著性差异，非儿童产品广告中，成人作为关怀者的比例更高一些。

（2）不同的广告类型中，关怀者儿童、被关怀者儿童、被关怀者熟悉他人以及被关怀行为的情况均不存在显著性差异（P > 0.05）。

3. 关怀变量与产品类型间的差异性检验

被关怀者儿童的情况，没有因不同的产品类型而存在显著性差异（P > 0.05）。

四　不同播出频道、广告类型、产品类型间儿童广告的成长水平存在显著差异

1. 成长变量与播出频道间的差异性检验（见表 4 - 14）

（1）主动学习和文化氛围的情况，因播出频道的不同而存在显著性差异。

不同的播出频道中，主动学习（$\chi^2 = 15.244$，df = 4，P < 0.01）的情况存在显著性差异，少儿频道广告中儿童学习的主动性较高。

不同的播出频道中，文化氛围（$\chi^2 = 17.281$，df = 4，P < 0.05）的情况存在显著性差异，少儿频道的儿童广告中存在严重不良的文化氛围的情况（见表 4 - 14）。

（2）不同的播出频道中，儿童本位、游戏活动、全面发展的情况不存在显著性差异（P > 0.05）。

表 4 - 14　成长变量与播出频道交叉

单位：个

		播出频道	
		少儿频道	非少儿频道
主动学习 P < 0.01	1	16	16
	2	13	22
	3	29	7
	4	59	38
	5	6	6

续表

		播出频道	
		少儿频道	非少儿频道
文化氛围 P < 0.05	1	21	2
	2	47	36
	3	3	4
	4	15	13
	5	37	34

2. 成长变量与广告类型间的差异性检验

（1）文化氛围的情况，因广告类型的不同而存在显著性差异（见表4 – 15）。

不同的广告类型中，文化氛围（$\chi^2 = 15.850$，$df = 4$，$P < 0.01$）的情况存在显著性的差异，儿童产品广告的文化氛围比非儿童产品广告差。

表 4 – 15 文化氛围与广告类型交叉

单位：个

		广告类型	
		儿童产品	非儿童产品
文化氛围 P < 0.01	1	21	2
	2	47	36
	3	3	4
	4	15	13
	5	37	34

（2）健康领域发展目标的情况，因广告类型的不同而存在显著性差异（见表4 – 16）。

不同的广告类型中，健康领域发展（$\chi^2 = 23.575$，$df = 4$，$P < 0.01$）的情况存在显著性的差异，儿童产品广告中提及健康领域发展的广告更多，非儿童产品广告中，很少有广告提到儿童健康发展的目标。

（3）不同的广告类型中，儿童本位、主动学习、游戏活动、全面发展的情况不存在显著性差异（P > 0.05）。

表4 –16　健康领域发展与广告类型交叉

单位：个

		广告类型	
		儿童产品	非儿童产品
健康领域发展 P < 0.01	1	56	46
	2	14	1
	3	42	13
	4	25	3
	5	11	1

3. 成长变量与产品类型间的差异性检验

广告中儿童主动学习的情况，因产品类型的不同存在显著性差异。不同的频道中，主动学习（$\chi^2 = 25.674$，df = 12，P < 0.05）的情况存在显著性差异（见表4 –17）。

表4 –17　成长变量与产品类型交叉

单位：个

		产品类型			
		食品饮料	服装卫生药品	文化教育	其他
主动学习 P < 0.05	1	15	7	8	2
	2	7	5	11	12
	3	20	6	10	0
	4	49	18	19	14
	5	5	2	2	3

第五章　儿童广告伦理的分析模型

第一节　验证性因素分析及模型确立

一　儿童广告伦理验证性因素分析变量与假设

（一）初始变量

本书将儿童广告伦理的解释性分为三级，第一级是儿童广告伦理，它通过第二级的四个潜变量进行解释证明，这四个潜变量分别是真实（Authentic）、平等（Fair）、关怀（Care）、成长（Growth），第三级变量是儿童广告的观察变量，用来解释第二级变量。

观察变量在模型中不受其他变量的影响，作为其他变量（因）而存在，其值由外部输入，相当于自变量的概念。"潜变量在模型中受其他变量的影响，其值由其他变量决定，相当于因变量的概念。"[1]（见表5-1）

表5-1　儿童广告伦理初始相关变量

一级	二级（潜变量）	三级（观察变量）	
儿童广告伦理	真实 （Authentic）	A1	意图真实
		A2	场景真实
		A3	行为真实
		A4	语言真实
		A5	能力真实
		A6	服饰真实

---

① 王婕：《大学生领导力对创造力影响机理——基于结构方程的实证研究》，《中国高教研究》2014年第1期。

一级	二级（潜变量）	三级（观察变量）	
儿童广告伦理	平等（Fair）	F1	经济平等
		F2	城乡平等
		F3	性别平等一儿童行为
		F4	性别平等二成人行为
		F5	种族不歧视
		F6	生理平等
		F7	关系平等
	关怀（Care）	C1	关怀关系
		C2	关怀者一成人
		C3	关怀者二儿童
		C4	儿童是被关怀者
		C5	被关怀者一自我
		C6	被关怀者二熟悉
		C7	被关怀者三陌生
		C8	被关怀者四环境
		C9	关怀行为
		C10	被关怀行为
	成长（Growth）	G1	儿童本位
		G2	个体差异
		G3	主动学习
		G4	游戏活动
		G5	文化氛围
		G6	全面发展

（二）初始观测变量的正态性检验

根据理论假设，本书对 29 个核心观测变量进行了正态性检验（见表 5-2）。

对所有 29 个伦理变量进行 KS 检验，显著性水平均 < 0.05，表示拒绝虚无假设，即样本所在总体的分布与正态分布差异显著，样本的分数不太

可能来自一个正态分布。

根据 χ^2 值计算的要求，数据不符合正态分布时，模型会拒绝提供 χ^2 值的运算结果，但并不影响模型的整体拟合。因此，本书在评价模型拟合时不考察 χ^2 值的情况。

表 5－2　初始观测变量的正态性检验

	Kolmogorov-Smirnova			Shapiro-Wilk		
	统计量	df	Sig.	统计量	df	Sig.
意图真实	.236	212	.000	.840	212	.000
场景真实	.225	212	.000	.797	212	.000
行为真实	.252	212	.000	.785	212	.000
语言真实	.209	212	.000	.874	212	.000
能力真实	.294	212	.000	.778	212	.000
服饰真实	.448	212	.000	.554	212	.000
经济平等	.417	212	.000	.611	212	.000
城乡平等	.215	212	.000	.874	212	.000
性别平等一儿童行为	.316	212	.000	.774	212	.000
性别平等二成人行为	.276	212	.000	.825	212	.000
种族平等	.464	212	.000	.502	212	.000
生理平等	.499	212	.000	.427	212	.000
关系平等	.417	212	.000	.611	212	.000
关怀关系	.225	212	.000	.840	212	.000
关怀者一成人	.220	212	.000	.822	212	.000
关怀者二儿童	.279	212	.000	.784	212	.000
儿童是被关怀者	.225	212	.000	.835	212	.000
被关怀者一自我	.415	212	.000	.648	212	.000
被关怀者二熟悉	.220	212	.000	.836	212	.000
被关怀者三陌生	.520	212	.000	.373	212	.000
被关怀者四环境	.525	212	.000	.311	212	.000
关怀行为	.249	212	.000	.819	212	.000
被关怀行为	.220	212	.000	.836	212	.000

	Kolmogorov-Smirnova			Shapiro-Wilk		
	统计量	df	Sig.	统计量	df	Sig.
儿童本位	.261	212	.000	.876	212	.000
个体差异	.489	212	.000	.478	212	.000
主动学习	.286	212	.000	.842	212	.000
游戏活动	.467	212	.000	.562	212	.000
文化氛围	.276	212	.000	.808	212	.000
全面发展	.261	212	.000	.876	212	.000

a. Lilliefors 显著水平修正

(三) 理论假设与初始模型

1. 理论假设

通过对研究现状的文献整理和伦理学的相关理论分析，本书提出 10 个研究假设。

假设 1：真实与平等间存在正相关关系；

假设 2：真实与关怀间存在正相关关系；

假设 3：真实与成长间存在正相关关系；

假设 4：平等与关怀间存在正相关关系；

假设 5：平等与成长间存在正相关关系；

假设 6：关怀与成长间存在正相关关系；

假设 7：真实可以被意图真实、场景真实、行为真实、语言真实、能力真实和服饰真实 6 个观察变量加以解释。

假设 8：平等可以被经济平等、城乡平等、儿童行为性别平等、成人行为性别平等、种族不歧视、生理平等和关系平等 7 个观察变量加以解释；

假设 9：关怀可以被关怀关系、关怀者成人、关怀者儿童、被关怀者儿童、被关怀者自我、被关怀者熟悉他人、被关怀者陌生人、被关怀者环境、关怀行为和被关怀行为 10 个观察变量加以解释；

假设 10：平等可以被儿童本位、个体差异、主动学习、游戏活动、文化氛围和全面发展 6 个观察变量加以解释。

2. 验证性因素分析理论模型

运用 Mplus6.12 软件绘制初始结构方程模型路径图（见图 5-1）。

其中潜变量用椭圆形表示，观察变量用矩形表示，残差项用圆形表示，直接效果或单方向的路径关系用单向箭号表示，相关关系或共变关系用双向箭号表示。

初始模型中共有 4 个潜变量和 29 个观察变量。其中真实、平等、关怀、成长属于潜变量。意图真实等 6 个观察变量对应真实这一潜变量；经济平等等 7 个观察变量对应平等这一潜变量；关怀关系等 10 个观察变量对应关怀这一潜变量；儿童本位等 6 个观察变量对应成长这一潜变量。

除了潜变量与观察变量外，初始模型中还存在 $e_1 - e_{29}$ 共 29 个观察变量的残差，它们的非标准化路径系数值默认为 1，作用是保证模型的验证过程能够成立。

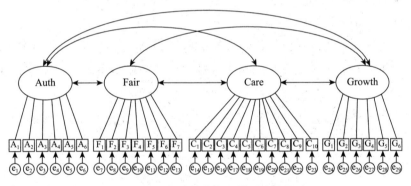

图 5-1 初始结构方程模型路径图

二 模型修正过程

本书的修正方法是：根据 MI 值的情况，依次删除 MI 值最大的观察变量，使模型逐渐拟合，并删除标准化双尾 P 值大于 0.1 的观测变量。

（一）初始运行结果

运行 Mplus6.12，导入样本数据后运行程序口令，获得了第一次计算的结果。相关拟合数据的情况见表 5-3，从表中可以看出，RMSEA Estimate 不符合小于 0.6 的标准，WRMR 不符合小于 1 的标准。

因此，初始验证性因子的数据模型不拟合，需要进行修正。

表 5 - 3　初始模型的拟合效果

统计检验量	检验结果数据	模型适配判断
RMSEA Estimate	0.080	否
CFI	0.919	否
TLI	0.912	否
WRMR	1.481	否

（二）修正过程

根据 Mplus6.12 给出的修正指标，研究者逐个删除 MI 值最高的观察变量，经过 7 次修正，依次删除了 C10、F1、C3、G5、C7、F3、C2。

修正后，模型整体的大部分统计检验量都符合模型适配标准了，但观察变量 F2、F4 和 C8 的标准双尾 P 值过大，说明潜变量在这 3 个观察变量上体现得不显著，因此研究者进行了第 8 次修正，删除了这 3 个变量。

（三）最终模型

经过 8 次修正，模型的各项拟合指标均已符合适配标准，与初始模型相比，模型的整体拟合优度得到了大幅改善，整个模型更具有理论依据和现实意义。

最终保留的观察变量数量为 19 个，符合模型的拟合要求，即样本量应该在观察变量的 10 倍左右。[①]

因此，本书将采用此次的模型确定为验证性因素分析的最终数据模型，其各项拟合指数见表 5 - 4。

表 5 - 4　验证性因素分析最终拟合效果

统计检验量	检验结果数据	模型适配判断
RMSEA Estimate	0.058	是
CFI	0.964	是
TLI	0.958	是
WRMR	0.948	是

---

① 赵必华、顾海根：《我国近年来心理学研究中 SEM 方法文献分析》，《心理科学》2010 年第 2 期。

第二节 儿童广告伦理数据模型及分析

一 儿童广告伦理验证性方程模型（见图5-2）

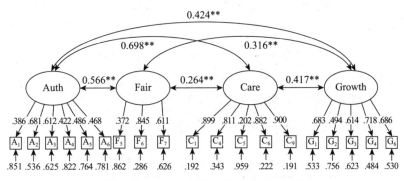

图5-2 儿童广告伦理验证性方程模型

二 对假设的验证情况

（一）4个潜变量之间存在正相关关系，它们共同解释了儿童广告伦理

假设1——假设6证实是成立的，即真实与平等、真实与关怀、真实与成长、平等与关怀、平等与成长、关怀与成长之间均存在正相关关系，且各潜变量之间的相关性达到了显著性水平。

也就是说，儿童广告的真实性、平等性、关怀性和成长性之间是相辅相成的，任何1个潜变量的水平都会影响到其他3个潜变量，并且真实与其他3个变量间的相关系数最高，由此可见，广告的真实性对儿童广告的伦理水平的影响是很大的。因此，儿童广告必须在保证真实的情况下，从平等、关怀和成长3个方面同时提高儿童广告伦理的水平。

（二）真实的观察变量的假设最合理

根据验证性因子分析模型的运算结果，观察变量中的一部分与模型拟合。总的来说，有关真实的观察变量拟合得最好，有关平等和关怀的观察变量假设较差。

假设7被完全证实，真实可以被意图真实、场景真实、行为真实、语言真实、能力真实和服饰真实六个观察变量加以解释。

假设 8 被部分证实，平等可以更好地被种族不歧视、生理平等和关系平等加以解释。

假设 9 被部分证实，关怀可以更好地关怀关系、被关怀者儿童、被关怀者自我、被关怀者熟悉他人和关怀行为加以解释。

假设 10 被部分证实，成长可以更好地被儿童本位、个体差异、主动学习、游戏活动和全面发展加以解释。

综上所述，假设 1 至假设 7 被证实是正确的，假设 8、假设 9 和假设 10 被证实有一部分是正确的。

（三）模型拟合的观测变量

与初始模型相比，以下变量的设定被证实是正确的（见表 5 - 5）。

表 5 - 5　儿童广告伦理最终变量

一级	二级（潜变量）	三级（观察变量）	
儿童广告伦理	真实（Authentic）	A1	意图真实
		A2	场景真实
		A3	行为真实
		A4	语言真实
		A5	能力真实
		A6	服饰真实
	平等（Fair）	F5	种族不歧视
		F6	生理平等
		F7	关系平等
	关怀（Care）	C1	关怀关系
		C4	儿童是被关怀者
		C5	被关怀者一自我
		C6	被关怀者二熟悉
		C9	关怀行为
	成长（Growth）	G1	儿童本位
		G2	个体差异
		G3	主动学习
		G4	游戏活动
		G6	全面发展

三　观察变量对潜变量的解释力

根据结构方程的运算结果，我们可以看到，与模型拟合的各观察变量，对各自对应的潜变量的解释力差别较大，说明不同的观察变量对模型的拟合程度不同，同时可以说明，不同的观察变量对潜变量的解释程度不同（见表 5 - 6）。

表 5 - 6　观察变量对潜变量的解释力

	Estimate			Estimate	
真实	←0.386—	意图真实	关怀	←0.899—	关怀关系
真实	←0.681—	场景真实	关怀	←0.811—	被关怀者儿童
真实	←0.612—	行为真实	关怀	←0.202—	被关怀者自我
真实	←0.422—	语言真实	关怀	←0.882—	被关怀者熟悉他人
真实	←0.486—	能力真实	关怀	←0.900—	关怀行为
真实	←0.468—	服饰真实	成长	←0.683—	儿童本位
平等	←0.372—	种族不歧视	成长	←0.494—	个体差异
平等	←0.845—	生理平等	成长	←0.614—	主动学习
平等	←0.611—	关系平等	成长	←0.718—	游戏活动
			成长	←0.686—	全面发展

（一）真实

共有 6 个观察变量可以解释"真实"，分别是意图真实、场景真实、行为真实、语言真实、能力真实和服饰真实。

其中，广告场景真实解释力最高，达到 0.681，其次是行为真实解释力达到了 0.612，说明在儿童广告中，场景是否真实和儿童行为是否真实的状况最能说明儿童广告的真实水平。与此同时，广告意图的真实对儿童广告真实与否的解释力相对较低。

因此，对于儿童广告来说，真实的伦理水平更多地体现在与儿童生活和年龄相关的观察变量上。

（二）平等

共有 3 个观察变量可以解释"平等"，分别是种族不歧视、生理平等和关系平等。其中生理平等对平等的解释力较高，达到 0.845，种族不歧视对平等的解释力最弱。

从平等的 3 个观测变量中也可以看出，儿童广告的平等水平与儿童自身的特点关系密切。

（三）关怀

共有 5 个观察变量可以解释"关怀"，分别是关怀关系、关怀行为和被关怀者中的儿童、自我和熟悉他人，其中除了被关怀者自我的解释力很弱以外，其他 4 个观察变量的解释力都比较高，均超过了 0.8。

与真实和平等的情况相似的是，关怀的观测变量中能与模型拟合的都与儿童的关系比较密切，而且最能体现关怀儿童水平的 4 个变量的解释力最高。

（四）成 长

儿童广告中的儿童是否存在个性差异，对"成长"的解释力略弱，其余 4 个变量的解释力相当，结合描述性分析的结果中，个体差异的伦理水平也是最低的。因此，儿童广告中的儿童同质化情况比较严重，这也是儿童广告中影响儿童发展的重要因素。

因此，儿童广告伦理可以根据儿童广告的真实、平等、关怀和成长的水平进行考量，并且儿童广告的真实情况对其他 3 个变量的影响很大；同时儿童广告的这 4 个变量可以通过儿童广告的意图真实等 19 个观察变量进行评分，这 19 个观察变量体现了儿童广告不同于一般广告的独特的伦理要求。

第六章　儿童广告伦理的研究结论与建议

第一节　儿童广告伦理的研究结论

儿童广告展现了儿童的生活，也塑造着贪婪的、脆弱的儿童世界。儿童广告里呈现了一幅幅看似母慈子孝、同伴友爱、儿童活泼可爱的生活画面，但是，在这些浮华的、物质的广告场景下，我们获得的是贪婪的儿童，他们为了吃可以大哭大闹，可以无所顾忌；我们获得的是功利的儿童，他们大量的分享是为了获得成人的肯定、同伴的喜爱；我们获得的是脆弱的儿童，他们真正的内在的需要没有得到满足。

儿童广告塑造着努力分享、乐于助人的儿童，也塑造着有暴力、歧视的儿童世界；儿童广告在内容上缺乏伦理，在播出时同样没有体现对儿童的保护和儿童利益优先的精神。

当前的儿童广告在内容的真实性、平等性、关怀性和成长性上都存在伦理问题，儿童广告的伦理状况反映了儿童意识在儿童广告领域的严重缺失。

一　儿童广告的内容和传播方式都欠缺儿童意识

儿童作为有独特年龄特点的群体，有属于自己的内在需求，儿童的发展应当是个性而全面的，我们至少可以期待专为儿童设立的少儿频道会有更高的伦理水平，我们至少希望专门以儿童为消费对象的产品可以更多地了解儿童的真正需求。然而，本次的研究结果显示，无论是儿童广告的内容还是儿童广告的传播方式，都欠缺应有的儿童意识。

（一）儿童广告从播出频道来看

少儿频道的广告的伦理水平不比非少儿频道更高，并没有显示在促进儿童发展方面的优势，更严重的是，在儿童广告伦理的一些评价指标上，出现了比非少儿频道更差的伦理水平。例如，少儿频道中的广告中存在更多攀比、暴力的氛围，出现了更多成人与儿童关系不平等的现象，少儿频道的真实性情况也显著比非少儿频道更差。这些情况与少儿频道的创设初衷是不符的。少儿频道尽管给了儿童更多的表现机会，但是却没有给他们真实的权利。

（二）从儿童广告的类型来看

儿童产品广告的伦理水平比非儿童产品广告在很多方面更低，特别是在有关真实的伦理指标上。例如，儿童广告利用儿童产品锁定消费对象，夸大产品的形象，利用儿童形象思维的特点，欺骗儿童，塑造虚假的场景和儿童能力来迷惑儿童。此外，儿童产品广告中出现儿童性别歧视的情况更多，关怀情况更少，文化氛围更差。

（三）从儿童广告的内容来看

儿童广告中，儿童表现和需要的一致性程度很高，儿童之间的差异性很小，虽然从表面上看，儿童广告基本满足了儿童的需求，但是被满足的需求以即时满足为主，并没有更多地关注到儿童内在发展的需要，也没有尊重儿童个性的发展需要。

二 儿童广告的真实性和平等性不足，生活方式被异化

（一）儿童广告意图欺骗儿童

从研究结果来看，有超过半数的儿童广告存在严重的故意欺骗的情况，产品的功能和服务也被极端夸大。在如此失真的儿童广告的影响下，儿童很难做出正确的判断，家长也会产生非理性的选择；更重要的是，儿童会习得欺骗和虚假的理念和行为，这对于儿童道德水平的发展是十分不利的。

在众多意图失真的儿童广告中，以各种药品广告最为突出，广告夸大产品的功效，例如"护彤"宣传的是"中西合剂，起效快"；"莎普爱斯眼药水"宣传的是可以预防并治疗白内障；"葵花牌小儿麦枣咀嚼片"的广告词是"嚼一嚼，吃饭香，健脾、开胃、促消化"。这些广告带给儿童一种药物是万能的错觉，使他们认为药品是安全的，可以放心大胆地使用，容易

造成儿童依赖药物的生存理念和生活方式。

在宣扬消费者是上帝的广告理念盛行的今天，产品的服务也备受重视，于是儿童广告中也不乏大量被夸大的产品服务。例如，牛奶厂家仿佛一夜之间都提供了牧场游服务，广告中不仅展现了儿童在牧场的愉快活动，更通过广告语喊出"QQ星，带你畅游天然牧场""伊利牧场开放了"等口号。

（二）儿童广告存在偏见

1. 儿童性别存在量和质的差异，性别歧视较多

从本次研究来看，儿童广告中的性别差异没有前人研究中所表明的那么严重，但均表现出对女性的歧视，男童和男人在广告中形象更丰富，表现力更强。

（1）儿童性别歧视与角色期待。

儿童性别存在数量上的歧视。广告中的男童数量远远多于女童，男童在儿童广告中总体更受青睐，男童出现在几乎所有产品类型的广告中。换句话说，儿童广告经营者认为男童的形象和特质可以代表所有的产品，与之相比，女童所代表的儿童广告只集中在食品饮料类。

文化教育类广告中，男女童比例是 8∶1；药品广告中，男女童比例是11∶2；家居、家电、汽车、金融、通讯广告中，男女童比例是 13∶6。这也许是一方面文化教育的产品中有相当一部分是游戏机，产品定位群体就是男孩，另一方面也迎合了社会上重男轻女的思想，所以无论是需要培养教育的孩子，还是需要被照顾的孩子，抑或是坐在车里的孩子，都以男孩为主。

儿童性别还存在质的歧视，男女童分别表现出不同的行为，被赋予了不同的性别期待。儿童广告中，女童被期待更有礼貌，更勤劳：女童在广告中或者给奶牛挤奶，比如"金典奶"中和妈妈一起去农场劳动；或者在帮父母做家务，比如"好爸爸洗衣露"广告中帮爸爸洗衣服，又比如"美好时光海苔"广告中帮妈妈做三明治。勤劳的女童已经预示了未来家庭生活中的女性地位，被认为更多地承担家务劳动的角色，与此形成对比的是，男童们在父母做家务时，都在一旁观看，等待享用。

与礼貌勤劳的情况相反的是，在本书研究的儿童广告（不含男女童共存的广告）中，仅有男童被期待获得好奇、勇敢的品质，没有一个女童。文化教育类的广告中，特别是游戏产品中，清一色的全是男性，无论是孩子还是成人都没有女性的出现。从广告的角度来说，这可能是市场定位的需要，但从伦理的角度来说，正是这样的带有明显性别歧视的广告，在进一步强化和塑造儿童的品质期待，会培养出一代又一代勇敢的男孩和软弱的女孩。

（2）成人性别歧视与角色模仿。

儿童广告的成年女性明显多于男性，女性多以妈妈或老师的角色陪伴在儿童左右。从数量上看，似乎女性在儿童广告中更受到重视，但是这种"重视"仅仅是数量上的，在具体的行为中，成年男女间存在严重的歧视性差异。

广告中，成年男性更多是作为成功者的模板，展现在儿童广告中的是专业化的形象，陪伴儿童时主要是共同游戏的形象。与此同时，成年女性更多的是照顾者的形象，在整个广告中处于服务他人的角色，职业化程度较低。

这样的成人角色定位的差异，无疑会给儿童的性别社会化产生影响，强化儿童错误的性别角色意识。

2. 歧视与崇洋媚外并行

崇洋媚外的风气在儿童广告中比比皆是，表现方式多样，值得引起我们的注意。

儿童广告中的崇洋媚外有三种表现，其一是对外国儿童的推崇；其二是广告用语中英语的"普及"，从名称到广告词都有英文；其三是在宣传上强调产品的国际品质，获得国际权威认证等，比如，在"小洋人钙铁锌"的广告中，提到"国外优质奶源，钙铁锌一步到位"。

（三）儿童广告中的生活方式是对儿童生活的异化

儿童广告塑造了一个异化的儿童生活的世界，这个世界是成人化的世界，是富人的世界，是城市人的世界，在这个世界里，儿童与成人是互相依附的，儿童的生活方式是极端的和扭曲的。

1. 宣扬富裕的城市生活

广告一直以来"都承担着宣扬先进生活的目的"①，在推销产品的过程中也推销生活方式。儿童广告宣扬的是富裕的、奢华的生活方式，这些体现中上层社会和经济水平的广告占到了广告总数的一大半以上，也就是说，真正和广大电视机前家庭生活水平相似的、体现普通生活水平的广告，只有3成左右。

这样的儿童广告无疑会让家庭经济水平处于中下的儿童产生强烈的自卑，也极大地煽动儿童追求物质生活的享受。这样的儿童广告不仅反映了广告人对社会地位和经济水平的偏见，更可怕的是，这样的儿童广告会引起儿童的模仿，从而将这种歧视进一步延续和扩散。

比经济水平歧视更严重的是对农村生活的彻底漠视，在所有的儿童广告中，只有5.7%的广告场景出现了城市以外的场景，但是客观来说，这些场景不能算是真正的农村生活，农村真实的生活样态在儿童广告中是完全缺位的。如果说广告就是推广更好、更先进的生活，那么毫无疑问，在儿童广告的生产主体的观念中，农村代表的只能是落后。于是，儿童广告将这种歧视也进一步扩散。

2. 失真的场景，成人化的行为、语言和服饰

广告场景的生活程度不高，有超过半数的儿童广告的场景是与儿童生活无关的。儿童广告通过这些假场景的布置，营造出服务于产品展示的背景，而无视这个场景是否与儿童生活相近，儿童是否可以理解广告场景所传达的信息。

从儿童在广告中的表现来看，成人化的行为和语言造成的儿童广告失真的情况较突出；有1/10的儿童广告存在极明显的对儿童能力抬高或贬低的情况；儿童的成人化服装和妆容很扎眼。

3. 儿童广告宣扬错误的生活方式，典型的表现为过量食用和贪图享受

儿童广告中，食品和饮料的数量很多，这些广告可能会刺激儿童过量食用，造成肥胖，而零食和饮料的不健康因素，更会对儿童的身体发育产

---

① 刘媛：《1927－1937年"申报"儿童用品广告与上海儿童日常生活的建构》，《学前教育研究》2013年第1期。

生不良影响。

比暴饮暴食更危险的是药品的长期使用，儿童广告似乎要宣扬一种把药当饭吃的理念。多则儿童药品广告中均提到"每天每餐"都要吃药，只有吃了药才能肠胃好、不感冒、不尿床等，比如"龙牡壮骨颗粒"的广告宣扬"专为 0~6 岁儿童补钙""既调脾胃又补钙"，0~6 岁的儿童人人都要补钙！这并不科学。

三 关怀围绕"亲子二人模式"

儿童广告基本上呈现了关心、照顾的场面，也不乏孝顺礼貌等内容。关爱儿童是儿童广告的主要方向。

但是在被关怀者中，关怀自我和陌生人的伦理水平都很低，对动植物和环境的关心比例也很低，由此可见，儿童广告中关怀行为的对象范围相对较窄，也就是说，关怀常常围绕着"亲子二人模式"发生。

一方面，家庭是主要场景和关系载体。儿童广告中，超过 7 成的成人发起的关怀行为均发生在家庭中，此外，儿童发起的关怀行为中，父母占到儿童关怀对象人数的 1/3。比如，由《爸爸去哪儿》的剧组的父子、父女出演的"QQ星"广告中，孩子们给爸爸倒牛奶，做早餐，照顾自己的爸爸等。亲子关系是关怀行为发生的主要载体，这既是对现实生活的反映，更是对电视机前受众进行亲子关系的"教育"。因此，研究者认为，如何在儿童广告中更好地践行关怀行为，可能影响亲子关系建构。

另一方面，关怀关系过多地集中在亲子二人模式中，就将儿童生活和发展的生态环境局限在了微观环境的范畴中，对于影响儿童发展的其他层次的生态环境缺乏表现。从这个层面上来看，儿童广告忽略了儿童发展所需的生态环境。

四 成长被忽视和片面化

通过对各变量伦理均值的比较，我们可以得出这样的结论：在儿童广告中，教育和发展伦理水平是最低的，儿童广告的教育功能被忽视，发展的各方面在儿童广告中表现得很不均衡。

（一）儿童广告的教育理念和行为不正确

儿童广告中存在一些明显的小学化的现象，有多种小学化的表现。让孩子赢在起跑线上，赢在智力发展上，赢在所记住的知识上的理念，成为儿童广告人主要的设计思路，这些理念通过儿童广告的传播，必然会进一步加强小学化的程度。

儿童广告所营造的文化氛围中，有较严重的煽动、攀比的风气，暴力、色情和送礼的现象在儿童广告中仍然存在。

当成人角色为家长时，广告中崇洋媚外的问题最突出；当成人角色为老师时，出现最多的是含有攀比、煽动内容的广告；当成人的存在方式为"旁白"时，出现最多的是含有暴力内容的广告。这可能说明，一来，广告希望通过看上去更具有国际品质吸引更多的家长购买产品；二来，广告希望通过激发儿童的攀比心理，通过煽动性的语言，通过儿童对教师权威的崇拜更多地吸引家长购买产品；三来，广告希望通过陌生人的教唆，让儿童购买易引发暴力倾向的产品；四来，广告希望通过明星的性感表演来刺激消费。

（二）儿童在广告中的发展价值体现得不均衡

儿童广告中提出的儿童发展目标，集中在身体发展和人际交往发展方面，鼓励儿童与成人、同伴的交往与互助。科学领域和艺术领域不是儿童广告中儿童发展的主要目标，这两个领域在儿童广告中的表现仅集中在科学精神和艺术表现两点上，数量很少。

五 儿童观、教育观和伦理学的观点共同构成儿童广告伦理的观念

从本书最终的验证性因素分析的结果来看，儿童广告伦理的4组潜变量之间都存在显著的正相关关系。

这意味着在儿童广告中，真实、平等、关怀和成长的因素是共生共长的。这也可以说明，儿童广告伦理可以从美德伦理、正义论、关怀伦理以及儿童观、教育观的角度，进行考量和检视。

广告越接近幼儿的生活真实，越符合儿童广告的伦理要求，同样，广告

中展现关怀和促进儿童成长的内容越多，也越符合儿童广告的伦理要求。

归根结底，儿童广告的伦理问题是一个具有儿童特色的问题。从验证性因素分析的结果来看，无论是真实、平等还是关怀、成长的观察变量，与模型拟合的主要都是与儿童相关的观察变量。与儿童的关系更密切，更能体现出儿童广告区别于一般广告的关键——儿童。

第二节　儿童广告伦理的建议

一　将儿童广告放在儿童发展生态系统中进行考察

广告大师奥格威在半个世纪前，就在《一个广告人的自白》中提请大家注意广告的社会责任——讲事实、不欺骗、不低俗。广告的演变历史和发展趋势，正说明广告在今时今日被赋予伦理价值和人文关怀及以后人本主义走向的必然。

我们借用人类发展生态学的观点来解释广告对儿童的影响机制：在人类发展生态学看来，影响儿童发展的环境就像"俄罗斯套娃一样"，是层层相扣的。根据与儿童的密切程度不同，分为微观系统、中间系统、外观系统和宏观系统四个层次，每一个层次都通过不同的作用方式影响儿童的发展。任何一层系统对儿童来说都是可以觉知的，儿童可以了解到它们的存在并且产生对它们的意识，甚至通过互动改造出儿童自己的现实世界。

布朗芬布伦纳在《人类发展生态学》一书中提到了电视节目。他认为，由于电视是从外部进入家庭的，构成了儿童发展的外观系统，它是二级影响的系统，透过父母以及父母与儿童的互动而作用；同时，他也肯定了电视对儿童的直接影响，认为电视"并非完全在微观系统运作"。因此，我们可以这样理解儿童电视广告对儿童发展的作用：它"跨越边界，成为微观系统和外观系统的共同成分，体现了生态架构不同层次间关系的同型性"[1]。"在生态研究中，个人和环境的特质、环境背景的结构，以及它们之间和之

---

[1] 〔美〕布朗芬布伦纳：《人类发展生态学》，曾淑贤等译，台湾心理出版社，2010，第279页。

内发生的过程是相互依存，并且可以用系统的方式来分析的。"①

（一）儿童广告构成儿童发展的微观系统

在影响儿童发展的因素当中，最有力的环境是儿童能够亲身参与的环境。微观系统是指"发展中的个人，在一个具独特物理与物质性质的环境中所经验到的活动、角色和人际关系模式"②。其关键词是"经验到"，是儿童可以面对面互动的环境。广告作为儿童每天都可以直接接触到的环境，对儿童的作用过程和微观环境的其他可直接回应的因素一样，是十分强烈的。

环境对发展中的儿童产生直接影响主要是情境中的他人所表现的行为，如果这一行为是以儿童为影响对象并持续进行，就会对儿童产生影响。在这个定义中，我们可以确认，如果广告是以儿童为传播和销售对象并持续出现，就会对儿童的发展产生形象示范的作用，而且这一作用是直接的，是与学校教育和家庭教育一样，属于微观层面的影响因素。

儿童广告一方面通过塑造广告中的儿童角色，唤起电视机前儿童做出相似的行为，另一方面宣扬物质主义，刺激儿童攀比，引发和强化儿童的购买行为。更重要的是，儿童广告对儿童的社会角色的塑造和消费行为的引导是直接的，此时广告就像父母、老师一样成了儿童发展的微观系统的一部分。我们还可以明确一点，儿童的身心发展，不仅是对环境细分和准确定位的过程，还包括重建环境的性质和维护环境的变化，儿童、广告、家长间的活动和角色是相互的，不是单向的。例如，一方面，儿童广告会对儿童产生影响，另一方面，儿童对广告的态度也会促进广告的变革。

（二）儿童广告构成儿童发展的中间系统

如果儿童积极主动地投入两个或更多的情境中，那么这些情境间的交互作用就构成了影响儿童发展的中间系统。影响儿童发展的生态环境往往不是简单的二人关系，而第三者对一对配对关系的成员互动产生的间接影响，被称作二级影响，构成 N + 2 系统。虽然儿童电视广告与儿童不可能像亲子关系一样出现配对关系，但是儿童广告会对配对关系的成员互动产生

① 〔美〕布朗芬布伦纳：《人类发展生态学》，曾淑贤等译，台湾心理出版社，2010，第44页。
② 〔美〕布朗芬布伦纳：《人类发展生态学》，曾淑贤等译，台湾心理出版社，2010，第23页。

抑制或者促进的作用，对儿童产生二级影响，是儿童发展的社会网络的组成部分。

换句话说，中间系统就是一组微观系统的系统，比如家和学校间的互动，又比如家长和电视间的互动。如果认可了儿童广告是影响儿童发展的微观系统，那么儿童广告可以构成儿童发展的中观系统就顺理成章了。当儿童广告和家长之间互动时，就形成了中间系统。根据布朗芬布伦纳的研究，"如果一个人最初进入一个情境的时候不是单独的，那个情境在中间系统的发展潜力将被提高"。我们不妨将这个情境变为儿童广告，那么不难得出结论，如果儿童在观看广告时是和父母一起的，那么儿童广告对儿童的影响将会加深。

这种影响是否会促进儿童的发展呢？这取决于儿童广告和家长这两个"不同情境的角色要求"是否相容，还取决于儿童是否"被提供有关新情境的正确资讯、忠告和经验"。由此可见，儿童广告对儿童会产生怎样的影响，能否促进儿童的发展，与父母的关系很大：如果广告情境的角色要求与父母的相近，就会对儿童产生更大的影响；如果角色要求是符合儿童伦理的，就会促进儿童的发展；如果角色要求是违背儿童伦理的，就需要父母加以忠告甚至阻止儿童进入这样的广告情境，倘若父母没有这么做甚至认可这样的角色要求，就会阻碍儿童的身心健康发展了。

（三）儿童广告构成儿童发展的外观系统

有一类儿童广告不是以儿童为销售和传播对象的，而是以儿童形象为广告内容，或销售对象是儿童的父母，这时儿童广告就成为儿童发展的外观系统了。

所谓外观系统是指，在这个系统中，儿童并不是情境的主动参与者，然而，该系统所发生的事件会影响儿童的发展，这样的影响是通过微观系统进行连接的。正如前文所述，儿童广告如果是以家长作为传播对象的话，那么它对儿童的影响就需要通过家长来进行，这时儿童广告处于影响儿童发展的外观层面上。

由此可见，无论儿童广告作为微观系统的成员，还是作为外观系统的组成部分，都离不开父母这一重要的因素。儿童广告究竟会对儿童的发展产生什么效果，一方面依赖与父母互动形成的中间系统，另一方面更多是通过父母成为儿童与广告内容、广告诉求等的载体。然而，当前针对儿童广告与儿童发展的研究，大部分都聚焦在儿童广告对儿童的直接影响，很少有研究儿童广告是否改变亲子互动模式从而影响儿童的发展，父母在观看儿童广告时是否持有正确的儿童伦理观念，父母在儿童收看电视广告时，采取了哪些措施引导儿童。

（四）儿童广告构成儿童发展的宏观系统

宏观系统是指在一个特定文化或次文化中观察到的一致性，存在于其所涵盖的微观系统、中间系统和外观系统之中，反映其背后的信念或意识形态，反映不同的社会经济地位、种族、信仰、生活方式等。它通过其他三层系统对儿童的发展施加影响。由此可见，一方面，儿童广告受到宏观系统的制约，另一方面，宏观系统的信念和意识形态等通过儿童广告影响儿童的发展。

二　帮助儿童辨识与理解广告是家长的责任

家庭是儿童接触广告的最主要的环境。一方面，家长的沟通风格、模式显著影响儿童的学习模式以及儿童对广告的态度；另一方面，父母教养方式和家庭沟通模式，与"儿童对广告的反应和他们的消费者社会化的程度有关"[1]，父母倾向于"低估电视广告对孩子的影响"[2]。然而很多相关研究表明，电视广告对儿童和他们父母的购买行为有重要影响，"孩子们总是影响父母的购物决定"[3]，并且随着孩子长大，他们能够根据广告"更好地影响父母的决定"[4]。

---

[1]　Carlson Les, "Parental Style", *Journal of Advertising Research*. Jun2011, Vol. 51 Issue 2, pp. 427 – 435.

[2]　Baiocco Roberto, "Discrepancies Between Parents' and Children's Attitudes Toward TV Advertising", *Journal of Genetic Psychology*, Jun. 2009, Vol. 170 Issue 2, pp. 176 – 192.

[3]　Singh Sultan, "The Impact of Advertisements on Children and Their Parents' Buying Behavior: An Analytical Study", *IUP Journal of Marketing Management*, Aug. 2011, Vol. 10 Issue 3, pp. 18 – 41.

[4]　Laczniak Russell N, "Understanding Children's Knowledge and Beliefs about Advertising: A Global Issue that Spans Generations", *Journal of Current Issues & Research in Advertising* (CTC Press), Spring 2005, Vol. 27 Issue 1, pp. 53 – 64.

儿童广告的伦理水平参差不齐，儿童要正确地理解和辨识广告，需要家长指导、帮助儿童去伪存真，杜绝儿童广告对儿童产生负面影响，促使儿童能够获得平等、关怀的伦理观。儿童广告的伦理水平可以通过"儿童广告伦理分析框架"的指标来衡量，通过分析广告的伦理水平，引导孩子正确地收看和理解儿童广告，通过对儿童广告的辨识提高儿童的道德水平。

（一）家长对儿童广告的看法

为了了解家长对儿童广告的看法，我们发放了1800份问卷，回收有效问卷1495份，从家长的购买行为、家长对儿童广告的认识、家长对儿童广告影响的判断、家长所采取的对策四个方面进行了调查。广大家长表示，在所有的推销方式中，最相信的是电视广告，而对于商场促销和其他广告形式很少相信。也就是说，电视里的儿童广告可能会对家长的购买产生较大的影响。

1. 家长最关心产品的安全性，是购买儿童商品的决定者

家长对产品的各方面都比较关心，相比之下，家长对于产品的品牌、外观和价格等外在因素关心的略少，有约15%的家长不怎么关心这些因素，家长更关心产品的内在品质和对儿童发展的作用。产品的安全性是家长最关心的，其中81.6%的家长表示十分关心产品的安全性，这是对儿童产品最基本的也是最低的要求。

那么家长购买商品会考虑孩子的意见吗？我们发现，家长在购买儿童商品时会根据孩子的年龄进行选择，这样的选择是出于家长的判断和意愿。只有40%左右的家长很关心孩子喜欢哪些商品，可是当孩子提出购买要求时，只有10%左右的家长会经常购买，绝大多数的家长拒绝了孩子的要求，家长们内心可能觉得应该买孩子喜欢的商品，但实际上，家长仍然是绝对的主导和决定者。

2. 家长认为儿童广告最大的问题是虚假

家长最信任的是电视广告，然而85%以上的家长从来没有或极少会因为儿童广告买东西。家长对儿童广告的看法可能是最主要的原因。

家长们最看重的是广告中产品信息的真实性，89.4%的家长认为儿童广告十分虚假，提供的信息不可靠。

和儿童广告的虚假相比，家长在有关儿童广告的其他问题的回答上分歧较大，对于广告中是否存在攀比、崇洋媚外的现象，是否存在关爱儿童、关爱老人、关爱自然的情况，是否存在传统美德等问题，家长认为完全没有、不严重、比较严重和很严重的比例几乎相当。由此我们可以推断出，家长们没有意识到和关注儿童广告的其他问题，不能准确地判断这些比较隐蔽的问题，而这些问题在广告中并不少见，在潜移默化中影响了儿童道德和社会性发展。

3. 家长认为广告对儿童的语言和行为发展影响最大

家长较多地认可了儿童广告对儿童发展的正面促进作用，儿童广告可以促进儿童语言的发展、提高儿童的自主性、拓宽儿童的视野。与广告的积极作用相比，家长们认为儿童广告最大的坏处是让儿童习得不良的语言和行为，形成拜金的价值观，对于儿童其他方面的发展没有不良影响。

4. 家长对儿童的引导和利用不足

50% 以上的家长从没有对孩子进行过儿童广告的任何指导，48% 的家长会帮助孩子理解广告的内容，43.2% 的家长警告儿童不要轻信广告，38% 的家长限制儿童看广告的时间。28% 的家长会与孩子沟通是否购买广告中的产品，但事实上，在前面的调查中我们发现，家长并没有给孩子选择和决定权。

儿童广告对儿童的发展具有正面作用，有些广告内容可以作为教育的资源，比如尊老爱幼、有礼貌、鼓励儿童全面发展等内容，但仅有 8.8% 的家长会引导儿童学习广告中的好内容。

（二）家长培养儿童广告素养的建议

在家长的观念中，儿童广告是媒体、广告公司和企业的责任，治理儿童广告最重要的是加强法律监管。这样的观念并没有错，但是，我们必须看到，广告中所出现的问题不仅是法律问题，还有道德伦理的缺失，而儿童广告的完善是一个逐步和缓慢的过程，广告的营销目的也注定它不可能完全没有夸张、欺骗等问题。因此，家长们必须要发挥好引导和教育的作用，这是家长的责任。

1. 家长应提高自身对广告的辨识能力

家长正确指导孩子、正确利用广告教育孩子，有一个必要的前提就是，家长首先要能较准确地分辨出儿童广告中的好和坏。通过相关研究，我们认为可以从以下四个方面来判断儿童广告的优劣。

（1）家长们最看重的儿童广告的真实性，可以通过儿童广告中有没有夸大产品的功能，有没有虚假的数据、成分等来确认；通过广告中儿童的行为和广告的拍摄场所等进一步确认儿童广告呈现的是不是真实的情景，从而判断产品的功效，比如，在摄影棚里拍摄的广告产品可能会无法在实际使用中发挥同样的效果。

（2）家长普遍没有关注到的儿童广告中的各种歧视的情况，可以通过场景的奢华程度判断是否存在对经济水平的偏好；通过儿童广告中男女童的数量以及男女童的具体行为，来判断是否存在对男童或女童的歧视。

（3）家长们认为广告中有较多的关爱，这一点可以通过观察广告中是否存在对儿童的欺凌、是否存在对环境的破坏和对物质的浪费等进行确认。

（4）家长们比较关注的儿童发展，可以通过广告中的儿童的需要是否合理并得到满足；通过广告中是否关注了儿童的健康发展、道德发展，广告是否用语规范等，来确认儿童广告的价值。

2. 家长应对孩子真正地尊重、理解和关心

如果家长们不理会孩子的想法，对孩子的意见一概不听不采纳，不能真正地关心孩子的需要和困惑，就不可能真正地陪伴孩子，也就谈不上对孩子的指导，因此，家长们需要在陪伴孩子时，及时地对广告内容进行解释和引导。

3. 家长应当引导孩子辨析广告

与成人相比，儿童更易受到广告的蛊惑，儿童对广告的真实性判断不准确，一个画面、一句广告语甚至一段好听的音乐都能让儿童牢牢记住广告产品和品牌，并渴望买到广告商品。而广告中一些行为和语言是不妥当的，儿童如果模仿，很可能就慢慢地学会了广告里的行为和语言。广告中还存在一些不正确的价值观和道德理念，会影响儿童的社会性发展。

为了避免这些不好的影响，家长们仅仅依靠"隔离"儿童与电视，一味地警告孩子不许相信广告是不行的，在适当控制儿童看电视的时间之外，家长需要积极引导孩子辨析广告中的问题，就广告内容和目的进行正确的引导。

4. 家长可以利用广告进行教育

尽管儿童广告存在很多问题，但是儿童广告并非一无是处，家长们在引导孩子辨析儿童广告中的问题时，也可以利用广告中积极向上的元素教育孩子。例如，娃哈哈广告中塑造了讲礼貌、尊老爱幼的儿童，家长可以鼓励孩子向其学习。某电池广告的口号是"保护环境，减少浪费"，是非常好的环保教育素材。诸如此类的例子在广告中并不少见，特别是"分享"的主题在各类儿童商品广告中都有体现。因此，有效地利用广告中的资源，使家庭教育更完整。

三 利用广告进行教育是教师的责任

儿童广告的伦理水平在不同的广告中差异很大，不同的伦理变量也有不同的伦理水平，因此，儿童广告的多样性可以为儿童教育提供很好的教育素材。教师可以利用分析框架筛选出适合儿童教育的儿童广告，进行有效的媒介素养教育和儿童道德教育。

一方面，教师可以针对儿童广告中的伦理问题，与儿童展开讨论，帮助儿童建构他们的道德世界。另一方面，教师可以利用儿童广告中伦理水平高的例子，进行儿童真实的生活方式，种族、生理、关系平等的理念的教育，同时可以利用儿童广告中关怀、教育和成长的案例对儿童进行引导，让儿童的"天赋尽情释放"，通过儿童广告培养儿童的想象力。

例如，一组"旺旺"食品的广告可以用来进行"关爱与分享"的主题教育。

"旺仔奶"广告：广告从一个男孩早上自己穿衣起床开始，第一次关怀行为是和爸妈一起分享旺仔奶，见面对爸妈说"我爱你，礼貌要周到"，祝福爸妈"旺旺"；第二次关怀行为是在校车站台，把旺仔奶分享给同学；第三次关怀行为是一个女孩在放学路上搀扶老人过马路，"敬老尊贤"；第四次关怀行为是一个女孩在路上和一位阿姨打招呼："叔叔阿姨大家旺。"整个广告通过一首主题曲和一系列的关怀行为贯穿，是本次研究中的最有伦理精神的广告之一。其中还穿插了过马路要遵守交通规则的镜头，已经接近公益广告了。

"旺旺仙贝"广告：与旺旺集团的众多广告一样，旺旺仙贝的广告中同样出现了"大家旺旺"的广告主线索。一个可爱的男孩从早上起床到学校放学，和父母、同学都分享旺旺仙贝，并对着一群人说"你旺，我旺，大家旺"。可以说分享是这则旺旺广告的主要精神。

"旺仔牛奶糖"广告：广告的主题思想是"家有喜事，就用旺仔牛奶糖"，与所有人分享喜悦和旺气。广告展示了添子、生日、搬家、结婚等众多场景，有喜事的人家请所有人吃糖，包括邻居、搬运工等，广告在喜庆的氛围中体现了与他人和谐共处的伦理精神。

四 提高儿童广告伦理水平是广告人的责任与良心所在

（一）提高儿童广告伦理水平是广告人的责任

1919 年，德国学者马克斯·韦伯在慕尼黑大学所做的一场题为《以政治为业》的演讲中，提出和区分了"责任伦理"与"信念伦理"两种不同的伦理精神。所谓责任伦理，实际上是一种以"尽己之责"作为基本道德准则的伦理，其判定一个人的道德善恶的根本标准，"在于他是否在一定的道德情境中尽了自己应尽的责任"[1]。

正是在这种现代"天职"精神中，"一方面是以责任为前提的目标合理性行动（工具理性）创造着相对价值；另一方面是以信念为前提的职业成为它自身目的而产生的内在价值——尊严"[2]。

广告是由广告主、广告公司与大众媒介共同参与完成的传播活动。除了广告内容以外，"广告的传播方式和传播途径也一样要遵循伦理的要求"[3]。"诚信、专业、独立、忠诚、平等是美国公共关系协会所确认的在公共关系实践中非常重要的职业价值观[4]"。

---

[1] 高相泽：《责任伦理：现代社会伦理精神的必然诉求》，《长沙理工大学学报》（社会科学版）2007 年第 1 期。

[2] 冯钢：《责任伦理与信念伦理——韦伯伦理思想中的康德主义》，《社会学研究》2001 年第 4 期。

[3] 李蓉、张晓明：《电视植入式广告的媒介伦理与合法性问题》，《电视研究》2010 年第 1 期。

[4] Patrick Plaisance, *Media Ethics: Key Principles for Responsible Practice*, Housand Oaks, CA: Sage Publications, 2009, pp. 30 – 31.

少儿频道不应当成为一个更加直接的、对儿童宣传有违伦理的信息的平台，而应当承担起维护儿童利益、推广儿童意识的媒体责任。少儿频道应当减少儿童广告的播出频率，清除虚假儿童广告，"让广告功能从诱导回归信息的告知，同时利用少儿频道加强儿童的广告素养教育"①。

（二）提高儿童广告伦理水平是广告人的良心所在

人有两种良心环境：第一种是一个人感觉到面对一种恶，一种不正义，或一种重大谎言，他可以对那种恶视而不见，可以去附和那种不正义或者帮助维护那种谎言，并且这可能更能给他带来利益。第二种是如果做或说，他将获得某种利益，并且不会被任何人察觉；如果他不做或不说，他将损失某种利益，并且同样不为人所知。同第一种环境相比，第二种环境是一种隐性的冲突环境。面对儿童广告的种种伦理问题，我们不能视而不见，更不能为了获得利益昧着自己的良心，制作出不符合伦理的儿童广告来。

如果提高儿童广告的伦理水平只停留在口号上，那么儿童广告伦理很难得到发展。因此，本书"儿童广告伦理结构方程模型"为儿童广告的创作者和传播者，提供了一个可操作、可践行的伦理框架，帮助儿童广告人从各种可观察的变量上加以改进，对儿童广告去其糟粕，发扬精华。

如果儿童广告能够在追求经济利益的同时，更多的关注儿童的发展，将那些违背儿童发展的、背离儿童关怀的内容从儿童广告中去除掉，那么儿童广告就能从根本上满足儿童生命生长的需要，也可以极大地促进儿童广告伦理水平的提升。

---

① 张劲：《儿童广告现存问题及运作对策》，《中国广播电视学刊》2010 年第 1 期。

附录一 儿童广告伦理初始分析表

广告序号：　　　　　　广告名称：　　　　　　记录人：

一 广告的基本信息

1. 该儿童广告的播出频道为：

A. 少儿频道　　　　　　　B. 非少儿频道；

2. 该儿童广告中的产品类型为：

A. 食品饮料类　　　　　　B. 文化教育类

C. 服饰卫生药品类　　　　D. 其他类型

3. 该儿童广告的类型为：

A. 儿童产品广告　　　　　B. 非儿童产品广告

4. 该广告中儿童参与方式为：

A. 无画面无语言　　　　　B. 有画面或语言

C. 有画面有语言

5. 该广告中成人参与方式为：

A. 无画面无语言　　　　　B. 有画面或语言

C. 有画面有语言

6. 该广告中儿童年龄主要为：

A. 0~3 岁　　　　　　　　B. 3~6 岁

C. 6~12 岁　　　　　　　 D. 混龄

7. 该广告中儿童性别为：

A. 男　　　　　　　B. 女　　　　　　　C. 男和女

8. 该广告中成人性别为：

A. 男　　　　　　　B. 女　　　　　　　C. 男和女

二 广告的伦理状况（根据描述的情况，按照从完全不同意到完全同意打分）

		完全不同意	比较不同意	不知道	比较同意	完全同意
1	该广告意图真实	1	2	3	4	5
2	该广告中对产品的描述不存在虚假的故意欺骗（①偷换概念；②片面描述；③虚假证明或数据；④形象歪曲和虚假表现；⑤虚假承诺）	1	2	3	4	5
3	该广告中对产品的描述不存在夸张的误导	1	2	3	4	5
4	该广告中对产品的描述不存在情感性暗示	1	2	3	4	5
5	该广告中发生的场景真实	1	2	3	4	5
6	该广告中儿童的行为真实	1	2	3	4	5
7	该广告中儿童的语言与真实年龄是一致的	1	2	3	4	5
8	该广告中儿童的能力与真实年龄是一致的	1	2	3	4	5
9	该广告中儿童的服饰与真实生活是一致的	1	2	3	4	5
10	该广告中没有表现出对不同经济水平的歧视	1	2	3	4	5
11	该广告中表现出了城乡间的平等	1	2	3	4	5
12	该广告中男女童的行为不存在歧视性差异	1	2	3	4	5
13	该广告中成年男女的行为不存在歧视性差异	1	2	3	4	5
14	该广告中不同种族的儿童是平等的	1	2	3	4	5
15	该广告中不存在对儿童生理特征的歧视	1	2	3	4	5
16	该广告中不存在儿童与成人关系不平等的情况（①附属于成人；②视儿童为祖宗）	1	2	3	4	5
17	该广告中的关系是关怀关系（①人－人；②人－物；③人－己）	1	2	3	4	5
18	该广告中成人是关怀者	1	2	3	4	5
19	该广告中儿童是关怀者	1	2	3	4	5
20	该广告中儿童是被关怀者	1	2	3	4	5
21	该广告中自我是被关怀对象	1	2	3	4	5
22	该广告中熟悉他人是被关怀者	1	2	3	4	5
23	该广告中陌生人是被关怀者	1	2	3	4	5
24	该广告中动植物或环境是被关怀者	1	2	3	4	5

		完全不同意	比较不同意	不知道	比较同意	完全同意
25	该广告中行为是关心的行为	1	2	3	4	5
26	该广告中被关怀者的回应是主动互动的	1	2	3	4	5
27	该广告满足了儿童内在的需要，尊重儿童的意愿	1	2	3	4	5
28	该广告表现了儿童的个体差异，让儿童用多种方式表达自己（①艺术的；②语言的；③动作的）	1	2	3	4	5
29	该广告中儿童的学习过程是主动探究的，没有小学化的现象（①空间位置；②集中授课；③机械灌输；④强迫学习）	1	2	3	4	5
30	该广告中儿童主要活动方式是游戏	1	2	3	4	5
31	该广告中文化氛围良好，没有攀比和煽动儿童过度消费，没有暴力、色情和送礼的情况	1	2	3	4	5
32	该广告中儿童发展的目标包括促进儿童健康领域的发展	1	2	3	4	5
33	该广告中儿童发展的目标是促进儿童身体发育	1	2	3	4	5
34	该广告中儿童发展的目标是促进儿童智力发育	1	2	3	4	5
35	该广告中儿童发展的目标是培养儿童良好习惯和情绪	1	2	3	4	5
36	该广告中的行为是安全的（①成人对儿童做出的危险动作；②儿童自身行为的危险）	1	2	3	4	5
37	该广告中儿童的发展目标是促进社会领域的发展	1	2	3	4	5
38	该广告中儿童的发展目标是促进儿童与人交往	1	2	3	4	5
39	该广告中儿童的发展目标是促进儿童形成优秀品质（①勇敢进取；②勤劳节俭；③有礼貌）	1	2	3	4	5
40	该广告中儿童的发展目标包括促进儿童科学领域的发展（如好奇心、想象力、创造力、观察法等）	1	2	3	4	5
41	该广告中儿童的发展目标是促进儿童艺术领域的发展	1	2	3	4	5
42	该广告中用语符合规范（①双关语；②谐音；③外文）	1	2	3	4	5
43	该广告中儿童的发展目标是全面的	1	2	3	4	5

附录二　儿童广告伦理最终分析表

广告序号：　　　　　　　广告名称：　　　　　　　记录人：

一　广告的基本信息

1. 该儿童广告的播出频道为：

A. 少儿频道　　　　　　　B. 非少儿频道

2. 该儿童广告中的产品类型为：

A. 食品饮料类　　　　　　B. 文化教育类

C. 服饰卫生药品类　　　　D. 其他类型

3. 该儿童广告的类型为：

A. 儿童产品广告　　　　　B. 非儿童产品广告

4. 该广告中儿童参与方式为：

A. 无画面无语言　　　　　B. 有画面或语言

C. 有画面有语言

5. 该广告中成人参与方式为：

A. 无画面无语言　　　　　B. 有画面或语言

C. 有画面有语言

6. 该广告中儿童年龄主要为：

A. 0～3 岁　　　　　　　B. 3～6 岁

C. 6～12 岁　　　　　　 D. 混龄

7. 该广告中儿童性别为：

A. 男　　　　　　　B. 女　　　　　　　C. 男和女

8. 该广告中成人性别为：

A. 男　　　　　　　B. 女　　　　　　　C. 男和女

二 广告的伦理状况（根据描述的情况，按照从完全不同意到完全同意打分）

		完全不同意	比较不同意	不知道	比较同意	完全同意
1	该广告的意图真实	1	2	3	4	5
2	该广告中发生的场景真实	1	2	3	4	5
3	该广告中儿童的行为真实	1	2	3	4	5
4	该广告中儿童的语言与真实年龄是一致的	1	2	3	4	5
5	该广告中儿童的能力与真实年龄是一致的	1	2	3	4	5
6	该广告中儿童的服饰与真实生活是一致的	1	2	3	4	5
7	该广告中不同种族的儿童是平等的	1	2	3	4	5
8	该广告中不存在对儿童生理特征的歧视	1	2	3	4	5
9	该广告中不存在儿童与成人关系不平等的情况（①附属于成人；②视儿童为祖宗）	1	2	3	4	5
10	该广告中的关系是关怀关系（①人－人；②人－物；③人－己）	1	2	3	4	5
11	该广告中儿童是被关怀者	1	2	3	4	5
12	该广告中自我是被关怀对象	1	2	3	4	5
13	该广告中熟悉他人是被关怀者	1	2	3	4	5
14	该广告中的行为是关心的行为	1	2	3	4	5
15	该广告满足了儿童内在的需要，尊重儿童的意愿	1	2	3	4	5
16	该广告表现了儿童的个体差异，让儿童用多种方式表达自己（①艺术的；②语言的；③动作的）	1	2	3	4	5
17	该广告中儿童的学习过程是主动探究的，没有小学化的现象（①空间位置；②集中授课；③机械灌输；④强迫学习）	1	2	3	4	5
18	该广告中儿童主要活动方式是游戏	1	2	3	4	5
19	该广告中儿童的发展目标是全面的	1	2	3	4	5

附录三　家长对儿童广告的认知及对策问卷

本问卷中如无特别说明，均为单选。

1. 您孩子的性别是：_____

A. 男　　　　　　B. 女

2. 您孩子的班级为：_____

A. 托班　　　　　B. 小班　　　　　C. 中班　　　　　D. 大班

3. 您的孩子月消费占家庭月总支出的比重为：_____

A. 10%以内　　　B. 11%~30%　　　C. 30%以上

4. 您为孩子支出金额最高的产品类型是：_____

A. 饮料和乳制品　B. 食品　　　　　C. 生活用品

D. 服装　　　　　E. 学习教育用品　F. 玩具或娱乐用品

5. 以下品牌中您购买过的有：

（1）儿童玩具品牌：_____（可多选）

A. 优彼　　　　　B. 好记星　　　　C. 智高魔法蛋

D. 灵动魔幻陀螺　E. 星钻积木　　　F. 麦咭魔幻悠悠

G. 奥迪双钻　　　H. 迪士尼　　　　I. 均无

（2）儿童服装品牌：_____（可多选）

A. 七波辉　　　　B. 耐克　　　　　C. 巴拉巴拉　　　D. 巴布豆

E. 361度　　　　F. 特步　　　　　G. 安踏　　　　　H. 永高人

J. 成长1+1　　　I. 均无

（3）饮料和乳制品品牌：_____（可多选）

A. 旺仔牛奶　　　B. 娃哈哈爽歪歪　C. 伊利QQ星　　　D. 卫岗

E. 惠氏　　　　　F. 蒙牛未来星　　G. 黑牛仔仔乳酸菌

H. 牛栏   I. 六个核桃   J. 均无

（4）食品品牌：_____（可多选）

A. 健达奇趣蛋 B. 奥利奥   C. 旺旺雪饼

D. 优卡果 C 卷 E. 比巴卜   F. 滨琦心宠杯

G. 好多鱼   H. 美好时光海苔 I. 均无

6. 您最信任的儿童产品信息的来源是：_____

A. 电视广告 B. 亲友推荐 C. 网络广告 D. 商场促销

E. 报纸广播或户外广告

7. 您购买儿童产品时是否关心以下因素：

（1）安全性符合质检标准：_____

A. 很关心   B. 比较关心 C. 不太关心 D. 不关心

（2）品牌、外观、价格等：_____

A. 很关心   B. 比较关心 C. 不太关心 D. 不关心

（3）性能或质量的高低：_____

A. 很关心   B. 比较关心 C. 不太关心 D. 不关心

（4）产品适合孩子的年龄需要：_____

A. 很关心   B. 比较关心 C. 不太关心 D. 不关心

（5）有利于儿童身体健康：_____

A. 很关心   B. 比较关心 C. 不太关心 D. 不关心

（6）促进孩子智力开发：_____

A. 很关心   B. 比较关心 C. 不太关心 D. 不关心

（7）帮助孩子与他人交往：_____

A. 很关心   B. 比较关心 C. 不太关心 D. 不关心

（8）孩子高兴、喜欢：_____

A. 很关心   B. 比较关心 C. 不太关心 D. 不关心

8. 最近一周，您看过以下哪些品牌的电视广告：_____（可多选）

A. 旺旺   B. 伊利 QQ 星 C. 健达

D. 灵动魔幻陀螺 E. 好记星   F. 妈咪宝贝

G. 葵花咀嚼片 H. 成长 1 + 1 I. 优彼

J. 纯甄　　　　　　　K. 均无

9. 您选择儿童产品时，最看重广告的哪一因素：＿＿＿＿＿＿

A. 信息真实可靠　　　　　　　B. 产品优点突出，承诺诱人

C. 内容积极向上感人　　　　　D. 画面精美创意新颖

10. 以下广告语中，您最喜欢的是：＿＿＿＿＿，您最不喜欢的是：＿＿＿＿＿

A. 菁智，创新智吸收结构

B. 洁净一步到位，人人都是小"白领"

C. 中国首创，即插即玩，新游戏月月有！

D. 专为 0~6 岁儿童补钙，既调脾胃又补钙

E. 敬老尊贤，退在右后方半步走，叔叔阿姨，大家旺！

F. 大脑不一样的开发与营养，宝宝的未来成就大不同！

G. 儿童有机奶，顺应身体自然需求，让天赋自然释放！

11. 您是否因为儿童广告购买过儿童产品：＿＿＿＿＿＿

A. 总是　　　　　B. 经常　　　　　C. 偶尔　　　　　D. 没有

12. 您的孩子是否因为儿童广告，而要求您购买过儿童产品：＿＿＿＿＿＿

A. 总是　　　　　B. 经常　　　　　C. 偶尔　　　　　D. 没有

13. 孩子要求购买广告中的产品，您会满足他的要求吗？＿＿＿＿＿＿

A. 总是　　　　　B. 经常　　　　　C. 偶尔　　　　　D. 没有

14. 您觉得当前儿童广告中，以下情况是否严重：

（1）产品信息虚假夸大：＿＿＿＿＿＿

A. 很严重　　　　B. 较严重　　　　C. 不严重　　　　D. 基本没有

（2）儿童表现虚假失真：＿＿＿＿＿＿

A. 很严重　　　　B. 较严重　　　　C. 不严重　　　　D. 基本没有

（3）性别歧视现象：＿＿＿＿＿＿

A. 很严重　　　　B. 较严重　　　　C. 不严重　　　　D. 基本没有

（4）画面和语言难以理解：＿＿＿＿＿＿

A. 很严重　　　　B. 较严重　　　　C. 不严重　　　　D. 基本没有

（5）滥用儿童形象：＿＿＿＿＿＿

A. 很严重　　　　B. 较严重　　　　C. 不严重　　　　D. 基本没有

（6）画面充满暴力：_____

A. 很严重　　　　B. 较严重　　　　C. 不严重　　　　D. 基本没有

（7）宣扬物质攀比：_____

A. 很严重　　　　B. 较严重　　　　C. 不严重　　　　D. 基本没有

（8）充斥崇洋媚外：_____

A. 很严重　　　　B. 较严重　　　　C. 不严重　　　　D. 基本没有

（9）缺乏对儿童的关爱：_____

A. 很严重　　　　B. 较严重　　　　C. 不严重　　　　D. 基本没有

（10）缺乏对老人的关爱：_____

A. 很严重　　　　B. 较严重　　　　C. 不严重　　　　D. 基本没有

（11）缺乏对自然和环境的关爱：_____

A. 很严重　　　　B. 较严重　　　　C. 不严重　　　　D. 基本没有

（12）缺乏勤俭、勇敢等传统美德：_____

A. 很严重　　　　B. 较严重　　　　C. 不严重　　　　D. 基本没有

（13）宣传错误的教育理念和方式：_____

A. 很严重　　　　B. 较严重　　　　C. 不严重　　　　D. 基本没有

15. 您觉得电视广告是否会对儿童产生以下影响：

（1）开发拓宽视野：_____

A. 影响很大　　　B. 影响较大　　　C. 影响较小　　　D. 基本没有

（2）促进语言发展：_____

A. 影响很大　　　B. 影响较大　　　C. 影响较小　　　D. 基本没有

（3）提高自主选择能力：_____

A. 影响很大　　　B. 影响较大　　　C. 影响较小　　　D. 基本没有

（4）获得知识和规则：_____

A. 影响很大　　　B. 影响较大　　　C. 影响较小　　　D. 基本没有

（5）形成攀比拜金的价值观：_____

A. 影响很大　　　B. 影响较大　　　C. 影响较小　　　D. 基本没有

（6）习得不良的语言和行为：_____

A. 影响很大　　　B. 影响较大　　　C. 影响较小　　　D. 基本没有

（7）危害身体健康发展：_____

A. 影响很大　　　B. 影响较大　　　C. 影响较小　　　D. 基本没有

（8）破坏亲子关系和人际交往：_____

A. 影响很大　　　B. 影响较大　　　C. 影响较小　　　D. 基本没有

16. 您是否通过以下方式处理过儿童广告对孩子的影响：

（1）帮助孩子辨识和理解广告：_____

A. 总是　　　　　B. 较多　　　　　C. 较少　　　　　D. 基本没有

（2）警告孩子不要相信广告信息：_____

A. 总是　　　　　B. 较多　　　　　C. 较少　　　　　D. 基本没有

（3）限制孩子看广告时间：_____

A. 总是　　　　　B. 较多　　　　　C. 较少　　　　　D. 基本没有

（4）引导孩子学习广告：_____

A. 总是　　　　　B. 较多　　　　　C. 较少　　　　　D. 基本没有

（5）就购买广告产品与孩子沟通：_____

A. 总是　　　　　B. 较多　　　　　C. 较少　　　　　D. 基本没有

17. 您认为谁应当为虚假广告承担最大的责任：_____

A. 生产企业　　　B. 销售商　　　C. 广告公司　　　D. 媒体

E. 广告代言人

18. 您认为治理儿童广告最首要的方法是：_____

A. 减少广告量　　B. 限制播出时段　　C. 加强伦理要求

D. 加强法律监管　　E. 增加公益广告

19. 您印象最深的儿童广告是：_____，
它让您印象深刻的原因是：_____。

20. 您的性别是：_____

A. 男　　　　　　B. 女

21. 您的年龄是：_____

A. 30 岁以下　　　B. 31～40 岁　　　C. 40 岁以上

22. 您的家庭月收入是：_____

A. 3000 元以内　　B. 3001～6000 元　　C. 6001～10000 元

D. 10000～20000 元   E. 20000 元以上

23. 您的学历是：_____

A. 初中及以下   B. 高中   C. 大专   D. 本科

E. 研究生及以上

24. 您的职业是：_____

A. 工人   B. 农民   C. 公务员   D. 医护人员

E. 教师   F. 商人   G. 服务业人员   H. 公司职员

I. 演艺人员   J. 其他从业人员

参考文献

一 期刊

钟玉冰：《试论电视广告对少年儿童的影响》，《青年探索》2004 年第 5 期。

虞永平：《M. 兰德曼的哲学人类学观点及其对幼儿教育的启示》，《学前教育研究》1995 年第 1 期。

陈海帆、杨伟玲：《电视广告与儿童》，《新闻传播》1998 年第 6 期。

赵冰清：《广告设计在儿童消费群体中的效应分析》，《商丘师范学院学报》2013 年第 6 期。

陈苗苗：《儿童电视广告对儿童消费心理的影响》，《记者摇篮》2006 年第 9 期。

陈培爱：《台湾广告业的国际化历程对中国大陆本土广告公司的启示》，《广告大观》2007 年第 3 期。

宋淑：《关注儿童广告的社会责任》，《新闻爱好者》2008 年第 9 期。

郭文志、王佳成：《电视广告中儿童形象泛用现象探析》，《黑龙江教育学院学报》2007 年第 12 期。

王本余：《儿童权利的基本价值：一种教育哲学的视角》，《南京社会科学》2008 年第 12 期。

张斌、虞永平：《让儿童意识融入公众意识》，《幼儿教育》2011 年第 9 期。

陆姬秋：《论斯皮尔伯格电影中的儿童意识》，《上海大学学报》2003 年第 7 期。

林虹：《人性关怀：斯皮尔伯格电影的精髓》，《电影文学》2011 年第 4 期。

陈波：《常识与想象——从中外儿童电视广告行业自律说起》，《新闻知识》2011 年第 7 期。

苏士梅、崔书颖：《论传统伦理道德对现代广告传播的影响》，《新闻界》
2005 年第 5 期。

粟龙梅：《广告伦理的内涵与原则探赜》，《大众文艺》2009 年第 18 期。

周中之、吴欢喜：《广告的社会伦理责任》，《吉首大学学报》（社会科学
版）2006 年第 1 期。

李蓉、张晓明：《电视植入式广告的媒介伦理与合法性问题》，《电视研究》
2010 年第 1 期。

孙霜：《浅析电视广告对幼儿心理发展的积极影响》，《群文天地》2012 年
第 2 期。

陈海帆、杨伟玲：《电视广告与儿童》，《新闻传播》1998 年第 6 期。

王利：《浅析儿童电视广告对 0 至 3 岁婴幼儿的影响》，《大众文艺》2011 年
第 14 期。

彭焕萍：《电视广告对儿童的消极影响及防范对策》，《中国电视》2007 年
第 4 期。

任文杰：《从女性视角关照儿童电视广告对儿童性别社会化的营销》，《浙江
工业大学学报》2008 年第 9 期。

郭宇、王芳：《电视广告对儿童成长的不良影响》，《北方经济》2012 年第
2 期。

熊英、张志：《儿童广告的不良社会文化影响》，《青年记者》2009 年第
5 期。

曹雁：《电视广告中儿童形象及语言的运用研究》，《新闻世界》2010 年第
1 期。

阚广滨：《浅析儿童形象在电视广告中的运用》，《大众文艺》2013 年第
18 期。

郭文志、王佳成：《电视广告中儿童形象泛用现象探析》，《黑龙江教育学院
学报》2007 年第 12 期。

刘娅静：《舍不得孩子，套不住消费者——案例分析电视广告中儿童形象的
消费意义》，《大众文艺》2010 年第 6 期。

谢加封：《广告的德性——当前广告伦理失范的思考》，《内蒙古大学学报》

（社会科学版）2007 年第 3 期。

沈一兵：《广告伦理与消费异化》，《电视研究》2006 年第 5 期。

董西飞：《儿童广告伦理失范现象探析》，《东南传播》2014 年第 9 期。

张曦：《现代广告的伦理思考》，《洛阳师范学院学报》2005 年第 1 期。

杨琪、朱美芬：《伦理学视域下的儿童广告道德缺失探析》，《学理论》2014
    年第 9 期。

陆永工：《广告管理文化研究》，《当代传播》2005 年第 4 期。

蔡昕：《广告：创意与伦理夹缝中的舞蹈》，《新闻界》2009 年第 5 期。

任玙：《商业广告创意的伦理失范问题研究》，《现代商业》2011 年第 23 期。

何芳、马和民：《游走于叛逆与规训之间》，《当代教育科学》2007 年第 8 期。

于凤静：《儿童广告的两级传播模式探析》，《大连民族学院学报》2013 年
    第 2 期。

王妍：《儿童广告的语言特点》，《语文学刊》2009 年第 7 期。

卫修锋：《论如何提高儿童的广告素养》，《广告大观理论版》2006 年第
    4 期。

李诗颖、〔英〕马克·布雷兹、〔英〕卡罗林·奥兹：《儿童对网络广告的识
    别能力研究》，《华中师范大学学报》2013 年第 9 期。

王迪：《电视广告对不同 SES 家庭儿童的影响力研究》，《广告大观理论版》
    2007 年第 1 期。

王迪：《儿童对电视广告中健康信息认知的"知沟"研究》，《新闻大学》
    2010 年第 1 期。

张红霞、杨翌均：《家庭沟通模式对儿童广告态度的影响》，《心理科学》
    2004 年第 27 期。

崔晓春：《儿童广告怎样监管》，《中国广告》2006 年第 12 期。

孙晓轲：《儿童教育中是与应该的断裂与统一》，《学前教育研究》2010 年
    第 6 期。

张丽平：《卡通片对儿童负面影响的伦理反思》，《金融教育研究》2009 年
    第 1 期。

吴全燕：《论 20 世纪 90 年代以来农村儿童电影的困境与出路》，《当代电

影》2013 年第 1 期。

李建华：《鲁迅"顺自然"的家教伦理观》，《吉首大学学报》（社会科学版）2010 年第 1 期。

董晓娅、高越：《丰子恺构建儿童意识》，《教师月刊》2012 年第 1 期。

王芳：《儿童政策的伦理特征》，《当代青年研究》2011 年第 3 期。

谢春风：《我国流动儿童教育政策演进的伦理分析》，《教育科学》2012 年第 5 期。

黄孟芳：《21 世纪以来日本广告伦理研究的基本走向》，《西北大学学报》（哲学社会科学版）2009 年第 1 期。

安青虎：《英国儿童电视广告准则》，《工商行政管理》2001 年第 1 期。

钱婕：《加拿大儿童电视广告自律体系初探》，《电视研究》2010 年第 12 期。

郑根成：《波特模式的实践启示与反思——行为伦理决定模式中道德推理的理论与实践分析》，《伦理学研究》2012 年第 5 期。

王海英：《20 世纪中国儿童观研究的反思》，《华东师范大学学报》2008 年第 6 期。

丁海东：《论儿童生活与教育》，《当代教育科学》2005 年第 5 期。

秦楚：《重新认识儿童——论卢梭儿童教育观及其对当代儿童教育的启示》，《中国农村教育》2014 年第 3 期。

蒋雅俊、刘晓东：《儿童观简论》，《学前教育研究》2014 年第 11 期。

朱宁波：《试析现象学视野中的回归儿童生活世界》，《教育科学》2006 年第 10 期。

杨冬雷：《卢梭儿童观的伦理探析》，《理论探索》2013 年第 6 期。

贾云：《论儿童观的范式转型——社会建构主义视野中的儿童观》，《南京师范大学学报》2009 年第 3 期。

虞永平：《论儿童观》，《学前教育研究》1995 年第 3 期。

霍力岩：《试论蒙台梭利的儿童观》，《比较教育研究》2000 年第 6 期。

于冬青：《关键经验：学前教育活动设计的新思路》，《东北师大学报》（哲学社会科学版）2012 年第 5 期。

马文华、孙爱琴《儿童观的现代困境与出路》，《教育实践与研究》2014 年第 19 期。

罗永恒：《幼儿教育岂能"小学化"》，《江西教育》2001 年第 11 期。

李义天：《美德伦理与实践之真》，《伦理学研究》2001 年第 11 期。

彭柏林：《公益视域中的平等正义》，《伦理学研究》2009 年第 5 期。

尚水利：《现代社会正义理论的困境与反思》，《理论导刊》2014 年第 7 期。

魏义霞：《仁——在孔子与孟子之间》，《社会科学战线》2005 年第 2 期。

赵勤、罗蔚：《浅析当代伦理学的新理论：关怀伦理》，《江西社会科学》
　2005 年第 8 期。

姜文：《公正伦理和关怀伦理对我国道德教育的启示》，《东岳论丛》2010
　年第 8 期。

梁德友：《伦理学视角下的弱势群体关怀问题探究》，《理论导刊》2012 年
　第 3 期。

杜维超、蔡志良：《〈弟子规〉的儿童人际交往品质培养思想及其启示》，
　《河北师范大学学报》2010 年第 12 期。

李桂梅、陈俐：《西方女性主义伦理学研究综述》，《伦理学研究》2012 年
　第 4 期。

马毅：《哲学的真实与人的生存》，《文化学刊》2008 年第 3 期。

马永庆、肖霞：《社会公正的伦理解读》，《伦理学研究》2014 年第 1 期。

杨建国、王成文：《论教育平等与政府正义》，《中国行政管理》2011 年第
　3 期。

陈思坤：《诺丁斯关怀伦理思想的人本价值》，《教育学术月刊》2010 年第
　4 期。

胡荣华、夏德智、蒋明、张望：《南京城市居民中等收入界定及分析》，《南
　京社会科学》2006 年第 1 期。

何芳、马和民：《游走于叛逆与规训之间———电视广告中的儿童生活》，
　《当代教育科学》2007 年第 8 期。

何佳、何惧、席雁、徐超：《评分者信度的分析方法简介及比较》，《医学教
　育》2007 年第 6 期。

刘媛：《1927 - 1937 年"申报"儿童用品广告与上海儿童日常生活的建

构》，《学前教育研究》2013 年第 1 期。

高相泽：《责任伦理：现代社会伦理精神的必然诉求》，《长沙理工大学学报》（社会科学版）2007 年第 1 期。

冯钢：《责任伦理与信念伦理——韦伯伦理思想中的康德主义》，《社会学研究》2001 年第 4 期。

李蓉、张晓明：《电视植入式广告的媒介伦理与合法性问题》，《电视研究》2010 年第 1 期。

张劲：《儿童广告现存问题及运作对策》，《中国广播电视学刊》2010 年第 1 期。

王国银、杜军林：《论儿童道德教育的生活路径》，《伦理学研究》2010 年第 11 期。

杨宏：《论蒙学教材的伦理价值》，《教育评论》2010 年第 2 期。

邓玉明、李国华：《"课程生活化"不要走入误区》，《中国教育学刊》2006 年第 3 期。

侯晶晶、朱小蔓：《论基于关怀式道德教育的道德学习》，《当代教育科学》2005 年第 4 期。

〔英〕克利斯·普雷斯顿：《儿童理解电视广告准则吗》，安青虎译，《工商行政管理》2000 年第 21 期。

〔加〕萨伯·班迪奥帕达亚等：《电视广告对儿童有益吗？—— 有关的问题和政策建议》，安青虎译，《工商行政管理》2001 年第 16 期。

二　中文著作

张洪生：《广告与儿童发展》，中国传媒大学出版社，2011。

黄富峰：《大众传媒伦理研究》，中国社会科学出版社，2009。

李淑芳：《广告伦理研究》，中国传媒大学出版社，2009。

饶德江：《广告策划与创意》，武汉大学出版社，2003。

刘晓东：《解放儿童》，新华出版社，2002。

石中英：《教育哲学导论》，北京师范大学出版社，2004。

虞永平：《学前课程与幸福童年》，教育科学出版社，2012。

张雪门:《张雪门幼儿教育文集》,北京少年儿童出版社,1994。

陈鹤琴:《陈鹤琴全集(第五卷)》,江苏教育出版社,2008。

黄人颂:《学前教育学参考资料(下册)》,人民教育出版社,1991。

董建萍:《社会主义与平等正义——社会主义初级阶段中国的社会公正问题》,国家行政学院出版社,2007。

古秀蓉:《理解情境:走进幼儿的伦理视界》,上海世纪出版集团,2009。

张文显:《二十世纪西方法哲学思潮研究》,法律出版社,1996。

廖申白:《伦理学概论》,北京师范大学出版社,2009。

田秀云、白臣:《当代社会责任伦理》,人民出版社,2008。

程东峰:《责任伦理导论》,人民出版社,2010。

《马克思恩格斯选集(第3卷)》,人民出版社,1995。

罗国杰主编《伦理学》,人民出版社,1989。

朱贻庭主编《伦理学大辞典》,上海辞书出版社,2011。

李文玲、张厚粲、舒华主编《教育与心理定量研究方法与统计分析》,北京师范大学出版集团,2008。

三 译著

〔美〕安·兰德:《自私的德性》,焦晓菊译,华夏出版社,2007。

〔英〕罗素:《教育与美好生活》,杨汉林译,河北人民出版社,1998。

〔美〕布朗芬布伦纳:《人类发展生态学》,曾淑贤、刘凯、陈淑芳译,心理出版社,2010。

〔美〕罗尔斯:《正义论》,何怀宏等译,中国社会科学出版社,1988。

〔美〕克劳福德·G.克利斯蒂安:《媒介伦理:案例与道德推理》,孙有中等译,中国人民大学出版社,2014 。

〔美〕卡罗尔·吉利根:《不同的声音——心理学理论与妇女发展》,肖巍译,中央编译出版社,1999。

〔西〕奥德嘉·贾塞特:《生活与命运——奥德嘉.贾塞特讲演录》,陈昇、胡继伟译,广西人民出版社,2008。

〔英〕马修·基兰:《媒体伦理》,张培伦、郑佳瑜译,南京大学出版社,2009。

〔日〕高杉自子:《与孩子们共同生活——幼儿教育的原点》,王小英译,华东师范大学出版社,2009。

〔英〕休谟:《道德原则研究》,曾晓平译,商务印书馆,2001。

〔美〕罗尔斯:《道德哲学史讲义》,张国清译,上海三联书店,2003。

〔美〕阿拉斯戴尔·麦金泰尔:《追寻美德:道德理论研究》,宋继杰译,译林出版社,2011。

〔美〕R.默里·托马斯:《儿童发展理论——比较的视角》(第六版),郭本禹、王云强等译,上海教育出版社,2009。

〔美〕尼尔·波兹曼:《童年的消逝》,吴燕莛译,广西师范大学出版社,2004。

〔美〕约翰·W.桑特洛克:《儿童发展》(第11版),桑标、王荣、邓欣媚等译,上海人民出版社,2009。

〔美〕内尔·诺丁斯:《学会关心:教育的另一种模式》,于天龙译,教育科学出版社,2011。

〔美〕内尔·诺丁斯:《关心——伦理和道德教育的女性路径》(第二版),武云斐译,北京大学出版社,2014。

〔美〕弗吉尼亚·赫尔德:《关怀伦理学》,苑莉均译,商务印书馆,2014。

四 法律文件

《联合国发展纲领》

《世界人权宣言》

《儿童权利公约》

《儿童权利宣言》

《儿童生存保护和发展世界宣言》

《关于儿童问题特别会议宣言》

《中华人民共和国未成年人保护法》

《中共中央国务院关于进一步加强和改进未成年人思想道德建设的若干意见》

《国务院关于当前发展学前教育的若干意见》

《幼儿园教育指导纲要(试行)》

《幼儿园工作规程》

《中国电视收视年鉴（2014）》

《英国独立电视委员会广告业行为标准》

五 外文期刊

Frederick E. Webster, *Social Aspects of Marketing*, Englewood Cliffs, NJ: Prentice-Hall, 1974.

Potter R. B. , "The Structure of Certain American Christian Responses to the Nuclear Dilemma, 1958 – 1963", Doctoral Thesis, Harvard University, 1965.

Preston, Chris, "Children's Advertising: the Ethics of Economic Socialisation", *International Journal of Consumer Studies.* , 2004 (4).

Calvert, Sandra L, "Children as Consumers: Advertising and Marketing", *Future of Children*, 2008 (30) .

Nairn, Agnes, "Not Seeing the Wood for the Imaginary Trees. Or, Who's Messing with Our Article?", *International Journal of Advertising*, 2008 (27).

Snyder, Wally, "Making the Case for Enhanced Advertising Ethics: How a New Way of Thinking About Advertising Ethics May Build Consumer Trust", *Journal of Advertising Research*, 2011 (51).

Patrick Plaisance, "Media Ethics: Key Principles for Responsible Practice Housand Oaks", *CA: Sage Publications*, 2009 (30 – 31).

Karen D. Paciotti, "Caring Behavior Management; The Spirit Makes the Difference", *The Delta Kappa Gamma Bulletin*, 2010 (7).

Karon F. Cook, Michael A. Kallen, Dagmar Amtmann, "Having a Fit: Impact of Number of Items and Distribution of Data on Traditional Criteria for Assessing IRT's Unidimensionality Assumption", *Qual Life Res.* , 2009 (18).

Daire Hooper, Joseph Coughlan, Michael Mullen, "Structural Equation Modelling: Guidelines for Determining Model Fit", *Electronic Journal of Business Research Methods*, 2008 (1).

Ross D. Petty, J. Craig Andrews, "Covert Marketing Unmasked: A Legal and Regulatory Guide for Practices That Mask Marketing Messages", *American Marketing Association*, 2008 (27).

David M. Gardner, "Deception in Advertising A Conceptual Approach", *Journal of Marketing*, 1975 (39).

Ivan L. Preston, "A Problem Ignored Dilution and Negation of Consumer Information by Antifactual Content", *The Journal or Consumer Affairs*, 2002 (2).

Carla C. J. M., Millar Chongju Choi, "Advertising and Knowledge Intermediaries: Managing then Ethical Challenges of Intangibles", *Journal of Business Ethics*, 2003 (48).

Michael Jay Polonsky, Judith Bailey, Helen Baker, Christopher Basche, "Environmental Information: Are Marketing Claims on Packaging Misleading?", *Journal of Business Ethia*, 1998 (17).

James E. Haefner, Steven Eli Permut, "An Approach to the Evaluation of Deception in Television Advertising", *Journal of Advertising*, 1974 (3).

Michael A. Kamins, Lawrence J. Marks, "Advertising Puffery: The Impact of Using TwO Sided Claims on Product Attitude and Purchase Intention", *Journal of Advertising*, 1987 (16).

Richard L Olive, "An Interpretation of Attitudinal and Behavior Effects of Puffery", *The Journal or Consumer Affairs*, 1979 (13).

Khatibi, Ali, "Gaining a Competitive Advantage from Advertising Study on Children's Understanding of TV Advertising", *Journal of American Academy of Business*, 2004 (4).

Rozendaal, Rozend, Esther, "Children's Understanding of Advertisers' Persuasive Tactics", *International Journal of Advertising*, 2011 (30).

Owen, Laura, "Children's Understanding of Advertising: An Investigation Using Verbal and Pictorially Cued Methods ", *Infant & Child Development*, 2007 (16).

Eagle Lynne, Eagle, Lynne, Bulmer, Sandy, "Exploring the Link Between Obesity and Advertising in New Zealand", *Journal of Marketing Communications*, 2004 (10).

Yates, Bradford L, "Media Literacy and Attitude Change: Assessing the Effectiveness of Media Literacy Training on Children's Responses to Persuasive Messages within the Elm", *International Journal of Instructional Media*, 2011 (38).

Lawlor, Margaret-Anne, "Advertising Conniossesrs: Children's Active Engagement With and Enjoyment of Television Advertising", *Irish Marketing Review*, 2009 (20).

Maher, Jill K, "Children's Recall of Television AD Elements", *Journal of Advertising*, 2006 (35).

Gbadamosi, Ayantunji, "Children's Attitudinal Reactions to TV Advertisements", *International Journal of Market Research*, 2012 (54).

Shin Wonsu, "Developmental Antecedents to Children's Responses to Online Advertising", *International Journal of Advertising: The Quarterly Review of Marketing Communications*, 2012 (31).

Kelly Bridget, "Art of persuasion: An Analysis of Techniques Used To Market Foods to Children", *Journal of Paediatrics & Child Health*, 2011 (47).

Rose, Gregory M, Merchant Altaf, Bakir Aysen, "Fantasy in Food Advertising Targeted at Children", *Journal of Advertising*, 2012 (41).

Hebden, Lana, "Art of Persuasion: An Analysis of Techniques Used To Market Foods to Children", *Journal of Paediatrics & Child Health*, 2011 (47).

Hota, Monali, "Can Public-Service Advertising Change Children's Nutrition Habits?", *Journal of Advertising Research*, 2010 (50).

Julia, "Development of TV Advertising Literacy in Children", *International Journal of Advertising*, 2013 (32).

Martínez Esther, "Gender Representation in Advertising of Toys in the Christmas Period (2009 – 12)", *Comunicar*, 2013 (21).

Blackford Benjamin. J, "The Prevalence and Influence of the Combination of Humor and Violence in Super Bowl Commercials", *Journal of Advertising*, 2011 (40).

Brocato E. Deanne, "Television Commercial Violence", *Journal of Advertising*, 2010 (39).

Maher, Jill K, "Children's Recall of Television AD Elements", *Journal of Advertising*, 2006 (35).

Hamilton Kathy, Catterall, Miriam, "Consuming Love in Poor Families: Children's Influence on Consumption Decisions", *Journal of Marketing Management*, 2006 (22).

Soontae An, "Do Online Ad Breaks Clearly Tell Kids that Advergames Are Advertisements that Intend To Sell Things?", *International Journal of Advertising*, 2013 (32).

Panic, Katarina, "Comparing TV Ads and Advegames Targeting Children: The Impact of Persuasion Knowledge on Behavioral Responses", *Journal of Advertising*, 2013 (42).

Moore, Elizabeth, "Children and the Changing World of Advertising", *Journal of Business Ethics*, 2004 (52).

Carlson Les, "Parental Style", *Journal of Advertising Research*, 2011 (51).

Baiocco Roberto, "Discrepancies Between Parents' and Children's Attitudes Toward TV Advertising", *Journal of Genetic Psychology*, 2009 (170).

Singh Sultan, "The Impact of Advertisements on Children and Their Parents' Buying Behavior: An Analytical Study", *Journal of Marketing Management*, 2011 (10).

Laczniak Russell N, "Understanding Children's Knowledge and Beliefs about Advertising: A Global Issue that Spans Generations", *Journal of Current Issues & Research in Advertising* (*CTC Press*), 2005 (27).

Ebbeck Marjory, "Image of the Singapore Child", *Early Childhood Education Journal*, 2008 (36).

Roberts Michele, "A Thematic Content Analysis of Children's Food Advertising", *International Journal of Advertising*, 2007 (26).

O'Dell Lindsay, "Representations of the 'Damaged' Child: 'Child Saving' in a

British Children's Charity ad Campaign", *Children & Society*, 2008 (22).

Fielder Lynda, "Exposure of Children and Adolescents to Alcohol Advertising on Australian Metropolitan Free-to-air Television", *Addiction*, 2009 (104).

Schor Juliet B, "From Tastes Great to Cool: Children's Food Marketing and the Rise of the Symbolic", *Journal of Law, Medicine & Ethics. Spring*, 2007 (35).

Agnes Nairn, "Not Seeing the Wood for the Imaginary Trees. Or, Who's Messing with Our Article? A Reply to Ambler", *International Journal of Advertising: The Quarterly Review of Marketing Communications*, 2008 (27).

Bakir, Aysen, "How Are Children's Attiedues Toward Ads and Brands Affected by Gender-related Content in Advertising?", *Journal of Advertising*, 2010 (39).

Black and White, Livingstone, Sonia, "Does TV Advertising Make Children Fat?", *Public Policy Research*, 2006 (13).

Rui Huang, "Buy What Is Advertised on Television? Evidence from Bans on Child-Directed Food Advertising", *Journal of Public Policy & Marketing*, 2013 (32).

Soontae An, "Do Online Ad Breaks Clearly Tell Kids that Advergames Are Advertisements that Intend To Sell Things", *International Journal of Advertising*, 2013 (32).

Schor Juliet B, "From Tastes Great to Cool: Children's Food Marketing and the Rise of the Symbolic", *Journal of Law, Medicine & Ethics*, 2007 (35).

Charry, Karine. M, "Enfants et Promotion de L'alimentation Saine: Étude de L'efficacité de L'utilisation de Menaces en Publicité", *Recherche et Applications en Marketing*, 2011 (26).

Buijzen, Moniek, "Is Children's Understanding of Nontraditional Advertising Comparable to Their Understanding of Television Advertising?", *Journal of Public Policy & Marketing*, 2013 (32).

Simon Hudson, "Advocates, Interest Groups and Australian News Coverage of Alcohol Advertising Restrictions: Content and Framing Analysis", *BMC Public Health*, 2012 (12).

Kelly, Bridget, "Television Food Advertising to Children: A Global Perspective", *American Journal of Public Health*, 2010 (100).

Dhar, Tirtha, "Fast-Food Consumption and the Ban on Advertising Targeting Children: The Quebec Experience", *Journal of Marketing Research* (*JMR*), 2011 (48).

Carpenter Childers, "An Analysis of CARU Cases from 2000 – 2010", *International Journal of Advertising*, 2012 (31).

Buckingham, David, "Beyond the Competent Consumer: the Role of Media Literacy in the Making of Regulatory Policy on Children and Food Advertising in the UK", *International Journal of Cultural Policy*, 2009 (15).

Ambler Tim, "Whose Minds Are Messed Up", *International Journal of Advertising*, 2008 (27).

图书在版编目（CIP）数据

　　儿童广告伦理／郑蓓著． -- 北京：社会科学文献
出版社，2019.2
　　ISBN 978 - 7 - 5201 - 4223 - 6

　　Ⅰ.①儿…　Ⅱ.①郑…　Ⅲ.①儿童 - 广告学 - 伦理学
- 研究 - 中国　Ⅳ.①B82 - 053②F713.80

　　中国版本图书馆 CIP 数据核字（2019）第 019707 号

儿童广告伦理

著　　者／郑　蓓

出 版 人／谢寿光
项目统筹／王　绯
责任编辑／高　媛

出　　版／社会科学文献出版社·社会政法分社（010）59367156
　　　　　　地址：北京市北三环中路甲 29 号院华龙大厦　邮编：100029
　　　　　　网址：www.ssap.com.cn
发　　行／市场营销中心（010）59367081　59367083
印　　装／三河市尚艺印装有限公司

规　　格／开　本：787mm×1092mm　1/16
　　　　　　印　张：10　字　数：152 千字
版　　次／2019 年 2 月第 1 版　2019 年 2 月第 1 次印刷
书　　号／ISBN 978 - 7 - 5201 - 4223 - 6
定　　价／68.00 元

本书如有印装质量问题，请与读者服务中心（010 - 59367028）联系